Los Doce Profetas Menores

D1593216

Serie «Conozca su Biblia»

Los Doce Profetas Menores

por Alejandro F. Botta

Augsburg Fortress

MINNEAPOLIS

Library of Congress Cataloging-in-Publication Data
Botta, Alejandro F., 1960-
  Los doce Profetas Menores / Alejandro F. Botta.
    p. cm. — (Conozca su Biblia)
  Includes bibliographical references.
  ISBN-13: 978-0-8066-8072-9
  ISBN-10: 0-8066-8072-5 (pbk. : alk. paper)
  1. Bible. O.T. Minor Prophets—Commentaries. I. Title. II. Series.
  BS1560.B576 2006
  224'.907—dc22   2006007990

10   09   08   07   06   1   2   3   4   5   6   7   8   9   10

Dedicatoria

A Pamela y Alfonsito, luces en mi camino.
A la memoria de J. Severino Croatto.

Esta serie

«¿Cómo podré entender, si alguien no me enseña?» (Hechos 8.31). Con estas palabras el etíope le expresa a Felipe una dificultad muy común entre los creyentes. Se nos dice que leamos la Biblia, que la estudiemos, que hagamos de su lectura un hábito diario. Pero se nos dice poco que pueda ayudarnos a leerla, a amarla, a comprenderla. El propósito de esta serie es responder a esa necesidad. No pretendemos decirles a nuestros lectores «lo que la Biblia dice», como si ya entonces no fuese necesario leer la Biblia misma para recibir su mensaje. Al contrario, lo que esperamos lograr es que la Biblia sea más leíble, más inteligible para el creyente promedio, de modo que pueda leerla con mayor gusto, comprensión y fidelidad a su mensaje. Como el etíope, nuestro pueblo de habla hispana pide que se le enseñe, que se le explique, que se le invite a pensar y a creer. Y eso es precisamente lo que esta serie busca.

Por ello, nuestra primera advertencia, estimado lector o lectora, es que al leer esta serie tenga usted su Biblia a la mano, que la lea a la par de leer estos libros, para que su mensaje y su poder se le hagan manifiestos. No piense en modo alguno que estos libros substituyen o pretenden substituir al texto sagrado mismo. La meta no es que usted lea estos libros, sino que lea la Biblia con nueva y más profunda comprensión.

i

Por otra parte, la Biblia —como cualquier texto, situación o acontecimiento— se interpreta siempre dentro de un contexto. La Biblia responde a las preguntas que le hacemos; y esas preguntas dependen en buena medida de quiénes somos, cuáles son nuestras inquietudes, nuestra dificultades, nuestros sueños. Por ello estos libros escritos en nuestra lengua, por personas que se han formado en nuestra cultura y la conocen. Gracias a Dios, durante los últimos veinte años se ha producido dentro de nuestra comunidad latina todo un cuerpo de eruditos, estudiosos de la Biblia que no tiene nada que envidiarle a ninguna otra cultura o tradición. Tales son las personas a quienes hemos invitado a escribir para esta serie. Son personas con amplia experiencia pastoral y docente, que escriben para que se les entienda, y no para ofuscar. Son personas que a través de los años han ido descubriendo las dificultades en que algunos creyentes y estudiantes tropiezan al estudiar la Biblia —particularmente los creyentes y estudiantes latinos. Son personas que se han dedicado a buscar modos de superar esas dificultades y de facilitar el aprendizaje. Son personas que escriben, no para mostrar cuánto saben, sino para iluminar el texto sagrado y ayudarnos a todos a seguirlo.

Por tanto, este servidor, así como todos los colegas que colaboran en esta serie, le invitamos a que, junto a nosotros y desde la perspectiva latina que tenemos en común, se acerque usted a estos libros en oración, sabiendo que la oración de fe siempre recibirá respuesta.

Justo L. González
Editor General
Julio del 2005

Contenido

Agradecimientos

«Somos enanos montados en los hombros de gigantes, somos conscientes de su erudición, profundizamos en ella, y somos edificados por medio de su sabiduría»

Rabí Isaías ben Elías de Trani

El estilo de esta serie no permite el agregado de notas al pie de página, pero ningún autor trabaja en un vacío sino en diálogo continuo con sus colegas del presente y del pasado. Desde mis tiempos de estudiante de los Profetas en el Instituto Bíblico Buenos Aires (Argentina) bajo la supervisión del Prof. Esteban M. Voth hasta el día de hoy donde me desempeño como docente de Biblia Hebrea en la Perkins School of Theology (Southern Methodist University, Dallas, Texas) he sentido una profunda fascinación por los profetas de Israel. Sus palabras se han convertido en una llamada de atención constante a nuestra conciencia y una apelación continua a futuras generaciones a ser seguidores fieles del Dios que rescató a su pueblo de Egipto y se solidariza con los pobres y oprimidos contemporáneos.

El lector atento notará en este trabajo la influencia de la obra de Abraham Joshua Heschel (1907–1972), bendita sea su memoria, quien fuera profesor del Jewish Theological Seminary, Nueva York, y uno de los más sensitivos estudiosos de los profetas bíblicos; de J. Severino Crotato (1930–2004), profesor de ISEDET (Buenos Aires), nuestro maestro y amigo que «se nos fue pero aún nos guía»; de Luis Alonso Schökel (1920–1998), quien fuera profesor en el Pontificio Instituto Bíblico de Roma, y de José Luis Sicre Diaz, actualmente profesor en la Facultad de Teología de la Universidad de Granada (España). En el ámbito anglosajón, nos hemos beneficiado enormemente de los trabajos de Ehud Ben Zvi (University of Alberta) y Marvin Sweeney (Claremont Graduate University) entre otros, y de los comentarios a los profetas basados en las fuentes rabínicas editados por Rabí A. J. Rosenberg y Rabí Matis Roberts. Por supuesto ninguno de los mencionados es de manera alguna responsable por los errores u omisiones de este trabajo.

También es oportuno agradecer a mis estudiantes de la Perkins School of Theology y de su Escuela del Curso de Estudio, por estar dispuestos a examinar algunas de las lecturas innovadoras presentadas en estas páginas, y a mis colegas de la misma institución por proveer un contexto tan favorable para el estudio de las Escrituras. El trabajo de investigación para esta obra fue realizado en la Bridwell Library (Perkins School of Theology) y en la biblioteca de la École biblique et archéologique française de Jérusalem, Israel. El manuscrito fue terminado durante mi sabático en la Methodist Theological School in Ohio, a quienes agradezco también su hospitalidad. Justo González ha tenido la gentileza de invitarme a contribuir a esta serie. Todos los que hemos estudiado teología en América Latina nos hemos formado con muchos de sus libros, y ha sido un honor poder participar con este trabajo.

Finalmente, deseo agradecer a mi familia, por todo el amor y apoyo constante durante tantos años de estudio, que aún continúan.

Abreviaturas utilizadas

KAI   H. Donner and W. Röllig. *Kanaanäische und Aramäische Inschriften.* (Wiesbaden: Harrassowitz, 2000).

RVR   *Reina Valera Revisada 1995*

BP   *Biblia del Peregrino*

BJ   *Biblia de Jerusalén*

DHH *Dios Habla Hoy*

(Cuando no se indica la versión empleada, se trata de la RVR)

Introducción

*Profetas y profecía en
la Biblia Hebrea*

«El vínculo entre el Creador y sus criaturas, por medio de la profecía, es uno de los fundamentos de la creación del mundo». Chazon Ish, *Emuna U'Bitachon, cáp. 6.*

La Biblia Hebrea presenta una visión de la tarea profética muy distinta de la que el lector moderno usualmente le atribuye. Contrariamente a lo que muchas veces se asume, la predicción del futuro no juega un papel significativo en la tarea del profeta. Por el contrario, es el presente, el aquí y ahora y sus consecuencias inmediatas para el pueblo lo que más le concierne. El profeta es un ser humano llamado por Dios para una misión específica: proclamar la visión divina del mundo y la sociedad y llamar a la conversión a esta visión. El profeta tiene una visión muy peculiar de la sociedad. Lo que para nosotros son asuntos marginales, para el profeta son cuestiones esenciales. Poco le preocupan a nuestra sociedad unos cuantos huérfanos, viudas, o extranjeros legales o ilegales que no pueden lograr su sustento Pero para el profeta, esta situación es un desastre de proporciones cósmicas que causará la ruina a la nación entera y traerá el castigo divino sobre los responsables. Palabras duras las del profeta, difíciles de digerir, difíciles de aceptar en su sentido tan radical. Hoy nos es más fácil aceptar la versión inocua que se predica en iglesias afluentes donde la voz profética se pierde en la lujuria de nuestros edificios y casas de adoración. Sin embargo, a través de la palabra de los profetas, Dios nos sigue llamando a la conversión. Dios nos sigue llamando a volver a entender el mundo y la sociedad como Él lo hace. A seguir proclamando el mensaje que nuestra religión organizada, cautiva de los ideales y estilo de vida de las clases media y alta, casada con el poder y los poderosos, se rehúsa a aceptar.

Desde los inicios del cristianismo, los libros proféticos han sido interpretados casi exclusivamente en su función predictiva-anticipatoria de la llegada del Mesías. Es decir, como textos que servían fundamentalmente para demostrar a los incrédulos que Jesús de Nazaret era el Mesías anunciado, legitimando de esa manera su misión y la posterior existencia de la comunidad cristiana. Esta lectura «cristológica» de los libros proféticos ha llevado consigo la negación del verdadero mensaje e intención de los profetas bíblicos y sus textos. Hoy, el avance de los estudios bíblicos y un conocimiento mucho más completo del fenómeno profético en el Cercano Oriente antiguo permite dejar de lado tales interpretaciones, más a tono con el mundo clásico y medieval, para concentrarnos en entender lo que los profetas quisieron transmitir a sus contemporáneos y tratar de captar la relevancia de su mensaje para las comunidades de fe contemporáneas.

El texto de los libros proféticos que las comunidades de fe, tanto judías como cristianas, reciben como autoritativo representa la reflexión y transmisión de la experiencia de lo divino de seres humanos que decidieron ser fieles a un llamado que todos recibimos, pero al que no todos decidimos escuchar. El texto en sí no posee (ni podría poseer) ninguna de la cualidades de la divinidad, de lo *totaliter aliter* («totalmente otro») en lenguaje de la patrística. El texto de los libros proféticos es, como Abraham Joshua Heschel describe la totalidad de Biblia Hebrea, un *midrash*, una interpretación. Una interpretación, humana por cierto, de un «texto» que está un paso más allá. Es por eso que toda quasi-divinización del texto (como en la doctrina de la inerrancia bíblica) coquetea con el pecado de idolatría, la tentación más fuerte en nuestra relación con Dios, que consiste en nuestro deseo de objetivizar para poder controlar y pre-ver. La palabra de Dios que llega al profeta no puede ser encasillada ni pre-vista. Como lo expresa Rabí Moisés Chaim Luzzatto, «La esencia de la profecía es que uno se conecte con Dios y experimente su revelación». Esta revelación que se manifestó en la experiencia del profeta está allí, de alguna manera, detrás del texto; pero cuando la queremos fijar y controlar, desaparece, nos deja con nuestras manos vacías para ir a apelar a otros espíritus libres que tomen la decisión de abrirse a su espontaneidad y radical demanda. El estudio de los profetas ha generado y sigue generando un desafío a nuestra normas y estándares de vida.

En esta presentación se sigue una misma estructura para el estudio de cada uno de los libros proféticos. En primer lugar se ofrece información acerca del autor (o autores) y su(s) contexto(s); luego se describe la estructura del libro; en tercer lugar se analizan pasajes claves y, por último se ofrece una breve visión de conjunto. Se recomienda al lector leer el texto bíblico correspondiente antes de adentrarse en el comentario. En nuestro trabajo, la mayoría de las veces no hemos incluido información que se encuentra fácilmente disponible en la mayoría de las Biblias de estudio, como citas cruzadas, aclaraciones geográficas etc. Entre las Biblias disponibles, recomendamos la Reina Valera Revisada (1995), edición de estudio, publicada por las Sociedades Bíblicas y la Biblia del Peregrino, publicada por Verbo Divino y Mensajero.

La manera de transcribir el nombre de Dios («YHWH») que hemos adoptado en el texto es la forma simplificada «Yavé». Cuando citamos traducciones de la Biblia (RVR, BJ, BP y DHH) mantenemos, sin embargo, la forma del nombre divino que sigue cada una de las traducciones. El pronombre personal utilizado en el trabajo para referirse a Yavé es el de tercera persona, singular, masculino. Esto no implica atribuir a Dios el género sexual de tal pronombre (los géneros gramaticales no deben identificarse con los géneros sexuales), sino sencillamente hacer coincidir el nombre masculino «YHWH» y el sustantivo masculino «dios» con el pronombre correspondiente. En la Biblia Hebrea Dios aparece tanto con carácterísticas masculinas como femeninas. Teológicamente uno podría hablar tanto de Dios como de Diosa y utilizar tanto el pronombre masculino como el femenino para referirse a la deidad.

El «Libro de los Doce»

E l «Libro de los Doce» o sencillamente «Los Doce» (Arameo: *Trey 'asar*) como conoce la tradición rabínica a lo que se denomina en la tradición cristiana «Los profetas menores», tiene una historia propia. Ya desde el siglo II a.C. se ve este grupo de escritos como una obra, como un libro, «los doce profetas» (Sir 49.10) que debe leerse y estudiarse en conjunto. Dentro de esta unidad, sin embargo, cada unos de los libros proféticos agrupados en esta colección presenta sus características propias. Estas peculiaridades se hacen evidentes en los títulos que presenta cada uno de ellos. Si bien todos dan fe de que las palabras que siguen son el producto de la revelación de Dios, las fórmulas introductorias presentan características diferentes. «La palabra del Señor» que «vino» (Oseas, Joel, Jonás, Miqueas, Sofonías, Hageo, Zacarías) o que el profeta «vio» (Amós) o que vino «a través» de él a Israel; sea como una «visión» (Abdías, Nahúm) o como un «oráculo» o «profecía» (RVR) que el profeta vio (Habacuc). La mitad de los doce profetas ofrecen en su título referencias al período en que el profeta desempeña su ministerio. Tanto las interpretaciones tradicionales judía como cristiana asumieron que los libros proféticos son composiciones literarias producidas por los profetas mismos. El desarrollo de los estudios histórico-críticos de las Escrituras han alterado fundamentalmente tal presuposición. En la actualidad los libros proféticos se entienden como el resultado de un largo y complejo proceso redaccional, que si bien en la mayoría de los casos tiene al profeta histórico como figura iniciante, incluye la mano de profetas anónimos que reacomodaron, editaron y añadieron sus pensamientos a cada uno de los libros proféticos. Es así, que en la mayoría de los casos puede distinguirse un edición pre-exílica (de antes de la caída de Jerusalén a manos de los babilonios en el 587 a.C.), una exílica (durante el cautiverio en Babilonia 587–538 a.C.) y una post-exílica, (luego del regreso de los exilados en el 538 a.C.) que, por ejemplo, en el libro de Isaías se denominan Primero, Segundo y Tercer Isaías o Isaías de Jerusalén, Deutero-Isaías y Trito-Isaías. Si bien tratar de situar los oráculos de un mismo libro profético en diferentes épocas representa un desafío, el resultado bien vale el esfuerzo, ya que es solo en su contexto donde estos oráculos tienen verdadero sentido.

Las diferentes tradiciones textuales dan testimonio de la variedad en que el «Libro de los Doce» fue recibido. La Septuaginta (LXX), traducción griega de la Biblia y el Texto Masorético (TM), el texto hebreo tradicional, nos ofrecen dos formas distintas de organizar los libros individuales, lo que ciertamente cambia el énfasis del conjunto en su totalidad. La LXX organiza los profetas menores con el propósito de mostrar la experiencia trágica del Reino del Norte como modelo para entender el destino del Reino de Judá, mientras que el Texto Masorético mantiene constante su preocupación central por Judá y Jerusalén. El orden de la LXX es el siguiente: Oseas, Amós, Miqueas, que se ocupan del Reino del Norte; Joel, que marca la transición entre los profetas que predican sobre Israel y los que se dedican a las naciones y a Jerusalén; Abdías, Jonás, Nahúm, se concentran en las naciones; Habacuc, Sofonías, Hageo, Zacarías se ocupan de Jerusalén; finalmente Malaquías resume una de las preocupaciones centrales de los profetas menores, la supervivencia del pacto entre Dios e Israel, la contaminación de la tierra, de los sacerdotes y de la adoración en el templo; el día del Señor, y el llamado al arrepentimiento.

El orden del Texto Masorético (Oseas, Joel, Amós, Abdías, Miqueas, Nahúm, Habacuc, Sofonías, Hageo, Zacarías y Malaquías) alterna los profetas que se dirigen a Israel con los que se dirigen a Judá. El resultado de este orden es el énfasis en la importancia central de Jerusalén y su relación con los destinos tanto de Israel como de Judá.

El «Libro de los Doce» contiene testimonios proféticos que datan desde el siglo VIII (Amós) hasta bien entrado el período persa (Zacarías 9–14), cubriendo de esta manera alrededor de cuatrocientos años. En estos siglos acontecen las crisis más profundas del pueblo de Israel y Judá: la destrucción de sus dos capitales, Samaria en el 722 a.C. y Jerusalén en el 587 a.C., el exilio en Babilonia; y el retorno a Judá. En la mayoría de los casos no abundan detalles acerca de la vida del profeta o sus circunstancias peculiares. Es el mensaje lo que trasciende. Es así que no nos embarcaremos en especulaciones biográficas, sino que aceptaremos los datos, aunque magros, que nos ofrezca el texto.

A. Oseas

Oseas es un caso único en la Biblia Hebrea en la medida que nos transmite la prédica de un profeta originario del Reino del Norte a su propia nación. Su mensaje contiene más elementos de esperanza que el mensaje de Amós.

1. El profeta y su contexto

Según el título del libro, Oseas desarrollará su ministerio profético en el Reino del Norte durante el reinado de Jeroboam II (786–746 a.C.) y durante el caos que siguió a su muerte. Jeroboam II será el penúltimo rey de la dinastía de Jehú que durará casi un siglo. Sus días serán días de paz exterior y prosperidad interna. Sin embargo, es durante esta época que la amenaza asiria comienza a cernirse sobre Israel. Bajo el liderazgo de Tiglat-pileser III (744–727 a. C.) Asiria se constituirá en un imperio que causará finalmente la destrucción de Samaria y del reino de Israel en el 721 a. C. En este sentido, Oseas cumple la misma función en el Reino del Norte que Jeremías cumplió en Judá antes de su caída. El libro nos presenta a Oseas como padre de tres hijos, familiarizado con la vida agrícola.

2. Estructura del libro

La propia formación del libro dicta una estructura dividida en tres partes: capítulos 1–3; 4–11; y 12–14. El tema central de los primeros tres capítulos es la denuncia que el pueblo de Israel se ha apartado de Dios al adorar otros dioses. Los capítulos 4–11 y 12–14 nos presentan un mensaje de juicio seguido por uno de salvación, probablemente causado por una segunda edición del libro entre la destrucción de Samaria (721 a.C.) a manos de los asirios y la derrota de Judá (587 a.C.) y destrucción de Jerusalén por los babilonios. En realidad lo abrupto de ciertos cambios temáticos en el libro de Oseas y otros aspectos de su composición lo hacen un libro difícil de analizar. Estas dificultades se han explicado a partir de ciertas corrupciones textuales, el estilo peculiar del profeta, el hecho de que el libro no contiene una copia directa de los discursos del profeta, y el hecho de que los oráculos no están ordenados ni por orden temático ni cronológico.

El libro puede bosquejarse como sigue:

Título	1.1
Matrimonio e hijos de Oseas	1.2–3.5
Una esposa prostituta e hijos bastardos	1.2–9
Esperanza de salvación	2.1–3
Pleito y reconciliación	2.4–25
El amor incondicional de Dios	3.1–5
Oráculos diversos (Juicio y salvación)	4.1–11.11
Consecuencias de olvidar a Dios	4.1–10
Fornicación e idolatría	4.11–19
Contra los sacerdotes y la casa real	5.1–7
Contra los príncipes	5.8–14
Lealtad, no sacrificios, quiere el Señor	5.15–6.6
Dios está atento a las injusticias	6.7–7.2
Infidelidad de los reyes	7.3–7
La confianza en naciones y dioses extranjeros	7.8–16
Israel ha roto el pacto con Dios	8.1–14
Llega la hora del juicio	9.1–9

3. Análisis de textos claves

1.1 *Título*

De acuerdo al exegeta judío Abarbanel, la razón de la inclusión de referencias cronológicas en los libros proféticos se fundamenta en la necesidad de entender el contexto para poder interpretar el mensaje. El nombre Oseas significa «salvación», algo que puede parecer una paradoja frente al contenido tan crítico del libro. Oseas fue un profeta del Reino del Norte y la adición de los nombres de Uzías, Jotam, Acaz y Ezequías, reyes de Judá, proviene de una edición posterior.

Matrimonio e hijos de Oseas 1.2–3.5

1.2–9 *Una esposa prostituta e hijos bastardos*

La interpretación de este pasaje ha dado lugar a las más diversas posturas. El hecho supuestamente escandaloso de que Dios mande a un profeta casarse con una prostituta ha hecho que la historicidad del relato haya sido puesta en duda más de una vez. La traducción e interpretación aramea del pasaje del Tárgum Jonatán lee el texto de manera metafórica y propone que estos eventos nunca sucedieron. De manera similar Ibn Ezra propone que esto fue solo un sueño de Oseas. Por otra parte los sabios del Talmud (Pesachim 87a) y Rashi no tienen problemas en aceptar la historicidad de lo sucedido. Lo problemático de estas disquisiciones es que se pierde de vista que lo trágico y escandaloso no es tanto el matrimonio de Oseas como es que Israel se ha alejado de Dios, que el pueblo escogido se ha prostituido. Los nombres de los hijos tiene un profundo simbolismo. El primer hijo, *Jezreel*, simboliza el castigo divino sobre la casa real y la futura derrota de sus ejércitos en el valle de Jezreel o llanura de Meguido. Nacerá luego una hija, *Lo-ruhama* que significa «Incompadecida» y que anuncia el rechazo del Reino del Norte, Israel (El vs. 7b. sobre Judá es un añadido editorial posterior). El tercer hijo, *Lo-ammi* que significa «No sois mi pueblo» sella el destino del pueblo de Israel marcando el rechazo definitivo de parte de Dios. El resto del libro original de Oseas se dedicará a explicar y desarrollar los motivos divinos para tal actitud. La edición posterior insertará mensajes de esperanza.

2.1–3 *Esperanza de salvación*

Estos tres versículos deshacen la profecía anterior para anunciar la esperanza en la redención divina. De la desgracia, de ser el no-pueblo de Dios, se pasa a ser los hijos del Dios vivo. De dos reinos enemistados, se vuelve a la unidad que Dios quiere bajo un sólo caudillo. Los nombres de los hijos se transforman en «Sois mi pueblo» y en «Compadecida». Dios tendrá compasión de Israel e Israel volverá a ser el pueblo de Dios.

2.4–25 *Pleito y reconciliación*

Esta sección retoma el tono crítico del capítulo 1 en un poema de suma belleza que evoca el amor que, aún después de ser traicionado, se mantiene vivo a pesar de todo. Un poema que trae a primer plano los sentimientos que provocan la pasión y el amor no retribuidos. El despecho y la venganza surgen naturalmente en el poema. Son sentimientos tanto humanos como divinos.

El poema comienza con una fórmula de divorcio «Ella no es mi esposa, yo no soy su marido» y culmina con una declaración de amor incondicional y una declaración matrimonial perdurable: «Me casaré contigo para siempre, me casaré contigo» (BP). La transición de un estado a otro se realiza a través de vívidas imágenes.

En primer lugar se hace manifiesta la vergüenza pública de la esposa adúltera (el país) y su castigo, la esterilidad, la sequía de la tierra. Luego el marido denuncia lo vano de la esperanza en los amantes (los dioses paganos) y proclama que confundirá los caminos de la esposa para que ésta no pueda encontrar a sus amantes. Ante esta situación (la tierra desolada) la esposa se da cuenta que le iba mejor con su primer marido (Dios). El castigo del marido se sigue desarrollando para poner en evidencia las carencias de la esposa. La tierra será arrasada, las vides y las higueras reducidas a matorrales. El marido se cobrará todas las infidelidades de la esposa con los Baales.

Mas el amor de Dios no puede dejar la situación en este estado. El ex marido enamorado busca seducir a la esposa infiel nuevamente, declara su amor que ha permanecido tan fuerte como el primer día, anuncia su deseo de reconciliación. El amor divino en busca de la esposa infiel no cesa hasta lograr la reunión con la amada. El nuevo matrimonio estará basado en la justicia, en la equidad, la fidelidad, el afecto, y el cariño (vs. 21b–22). El vs. 25 invierte el mensaje de 1.2–9. Dios se compadecerá de la «Incompadecida» y declarará que Israel es su pueblo para siempre.

3.1–5 El amor incondicional de Dios

Este oráculo no encaja bien a continuación del anterior, lo que es una muestra más de lo complicado de la composición del libro de Oseas. Es mejor tomarlo aisladamente como una nueva figura de la relación de Dios con Israel. Oseas debe amar a una mujer adúltera, de la misma manera que Dios ama a Israel. El vs. 5 es un añadido posterior que introduce la esperanza de conversión futura.

Oráculos diversos (Juicio y salvación): 4.1–11.11

4.1–10 Consecuencias de olvidar la ley de Dios

El pleito con la mujer ahora se explicita. Dios pleitea con los habitantes del país. Los pecados hablan de una gran crisis social: falso testimonio en los procesos legales, asesinato, robo, adulterio, libertinaje, homicidios. El carácter general de la acusación no debe confundirnos. Estos son los pecados de las familias dominantes que luchan por la corona. Recordemos que luego de la muerte de Jeroboam II, los reyes se sucederán por medio de golpes de estado violentos trayendo venganza y caos a todo el país. En uno de los casos, 2 Reyes conserva un testimonio vívido de la situación luego que Manahem tomara el poder asesinando a Salún: «Entonces Manahem saqueó a Tifsa y a todos los que en ella estaban, y también sus alrededores, a partir de Tirsa. La saqueó porque no le habían abierto las puertas, y les abrió el vientre a todas las mujeres que estaban encintas» (2 R 15.16).

En este contexto, todo el país gime por las atrocidades de las clases dirigentes. El pueblo siempre termina siendo quien sufre las consecuencias de los conflictos entre los poderosos que no conocen a Dios. Era la responsabilidad del liderazgo religioso la de dar a conocer los mandatos divinos. Ellos fueron los que debían haber hablado de parte de Dios. Dios los rechazará. Los líderes del pueblo y los sacerdotes correrán la misma suerte.

4.11–19 Fornicación e idolatría

Esta sección describe las práctica idolátricas del pueblo y el castigo que sobrevendrá sobre los idólatras. Nuevamente se utiliza la metáfora de la fornicación y la prostitución para describir los pecados de Israel (cp. Ez 16).

5.1–7 Contra los sacerdotes y la casa real

La diatriba vuelve a enfocarse en el liderazgo político y religioso (cf. Jer 7.21–28; Am 5.18–26). El vs. 5.1 resalta «Contra vosotros es el juicio, pues habéis sido un lazo en Mizpa, una red tendida sobre Tabor» (Os 5.1).

5.8–14 Contra los príncipes

Esta sección está estructurada de manera concéntrica, la alarma y el anuncio de la destrucción en el círculo exterior A y A'; el asolamiento y la enfermedad en el intermedio B y B'; la ira divina que se manifiesta como polilla en el tercero C y C' y el centro X que proclama que la tragedia de Efraín se debe a su infidelidad, dejando al Dios vivo y yendo en pos de vanidades (cp. Is 30.1–7; 31.1–3).

A ¡Tocad la bocina en Gabá y la trompeta en Ramá! ¡Sonad la alarma en Bet-avén! ¡Alerta, Benjamín! (5.8).

B Efraín será asolado en el día del castigo; entre las tribus de Israel hice conocer la verdad (5.9).

C Los príncipes de Judá han sido como los que traspasan los linderos; ¡pero sobre ellos derramaré a raudales mi ira! (5.10).

X Efraín está oprimido, violados sus derechos, porque quiso andar en pos de vanidades (5.11).

C' Yo, pues, seré como polilla a Efraín y como carcoma a la casa de Judá (5.12).

B' Verá Efraín su enfermedad y Judá su llaga; irá entonces Efraín a Asiria y pedirá ayuda al gran rey, pero él no podrá sanaros ni os curará la llaga (5.13).

A' Porque yo seré como león a Efraín y como cachorro de león a la casa de Judá; yo, yo mismo los despedazaré, y me iré; los arrebataré, y nadie podrá librarlos (5.14).

La RVR, como la mayoría de la versiones, sigue el Texto Masorético (hebreo) en la primera parte del versículo y a la Septuaginta (LXX) en la segunda. La Biblia del Peregrino, por otro lado prefiere seguir a la versión griega en ambos casos y en el vs. 11 y traduce: «Oprime Efraín, quebranta el derecho» en lugar de «Efraín está oprimido, violados sus derechos», lo que cambia radicalmente el sentido del texto. El Tárgum (la traducción aramea) traduce la segunda parte del vs. 11: «porque quiso andar en pos de vanidades» como «porque sus jueces iban tras dinero mal habido». Esto es una señal más de la complejidad de las diversas tradiciones textuales detrás de nuestras Escrituras.

Un aspecto que debe resaltarse en este esquema es que lo que lleva a la situación del vs. 11 (siguiendo el texto hebreo en la primera mitad del vs. y la RVR) es la acción de las clases dirigentes. Los príncipes, nos dice el vs. 10, son los que mueven las piedras que marcan los límites de las propiedades —linderos— extendiendo de esta manera sus dominios (la traducción de la RVR es poco feliz en este caso y no refleja claramente el sentido del texto). Esta práctica es un delito condenado en Deuteronomio 19.14; 27.17 y Proverbios 22.28; 23.10. Que los príncipes, quienes supuestamente deben mantener el orden jurídico y social, sean los delincuentes es un verdadero escándalo. Es por eso que el vs. 12 debe leerse en el contexto del 10: la casa de Judá es la casa real y Efraín no debe representar aquí a toda la población sino a la clase dirigente responsable de la opresión.

5.15–6.6 *Lealtad, no sacrificios, quiere el Señor*

El contexto de este oráculo parece ser la guerra siro-efraimita (734–732 a.C.) cuando Siria y Efraín intentaron obligar a Judá a unirse en la rebelión contra Asiria (Cf. 2 R 15.27–30; 16.5–9; Is 7.1–9). El Señor parece retirarse a sus aposentos en espera de que la conciencia de su pueblo los haga sentir culpables y vuelvan a acudir a su Dios. Los vs. 1–3 relatan la respuesta positiva del pueblo. Se levantarán temprano, madrugarán para buscar a Dios (cf. Sal 63.2). ¿Será una señal de conversión genuina o un acto calculado para gozar de los beneficios de la benevolencia divina? La respuesta divina de los vs. 4–6 retoma el tema de la mañana, pero para señalar que la fidelidad que el pueblo proclama es tan poco duradera como el rocío de la mañana. ¡De nada sirve madrugar para buscar a Dios si para media mañana ya se han olvidado de él! El vs. 6 nos desafía con una verdad tan sencilla como esencial: «Porque misericordia quiero y no sacrificios, conocimiento de Dios más que holocaustos». La palabra hebrea que aquí se traduce como «misericordia» tiene también el sentido de fidelidad, amor constante, una constancia que no se refleja en lo pasajero del rocío mañanero. El planteamiento divino ha sido interpretado en la línea de la crítica profética al sistema sacrificial (cf. 1 S 15.22; Sal 40.6–8; 51.17–19; Is 1.10–17; Jer 6.19–20; Am 5.21–24; Miq 6.6–8). La comparación del rocío con el sacrificio, sin embargo, podría también estribar en que el sacrificio es un acto de fidelidad puntual, que se ejecuta en un tiempo limitado, mientras que lo que Dios pide de Israel es fidelidad continua. La segunda parte del versículo: «conocimiento de Dios más que holocaustos» complementa la anterior utilizando el recurso del paralelismo sinónimo: Dios desea fidelidad continua, conocimiento de Dios, y rechaza los sacrificios y holocaustos. El reformador de la Iglesia Juan Calvino (1509–1564 d.C.) nos ofrece un comentario ejemplar sobre este texto. Según Calvino, para esta gente «era lo común creer que ellos adoraban a Dios ya que ellos ofrecían los debidos sacrificios, acumulando rito tras rito. Ellos pensaban que Dios estaba conforme con esto y que ello acababa con sus obligaciones. Este ha sido un mal común en todas las épocas. El profeta, entonces, anticipa esta excusa y dice: —Misericordia quiero y no sacrificio como diciendo "yo sé lo que vais a alegar, y lo que vais a decir, que vosotros me ofrecéis sacrificios, que vosotros realizáis todas las ceremonias religiosas" pero esta excusa me resulta frívola e inválida ¿Por qué? —porque yo no deseo sacrificios sino fe y misericordia dice el Señor».

6.7–7.2 *Dios está atento a las injusticias*

Esta sección hace manifiesto el profundo interés de Oseas en la situación social contemporánea y en la búsqueda de explicaciones en la historia de su pueblo. Está estructurado a partir de referencias geográficas y la respectiva descripción de las transgresiones atribuidas a cada localidad. El pasaje (6.7) comienza con una referencia un poco oscura. La RVR, siguiendo a la Vulgata (la traducción latina), lo traduce de manera poco feliz «Pero ellos, cual Adán, violaron el pacto; allí han pecado contra mí» cuando en realidad se trata de una referencia a una localidad como la segunda parte del versículo («allí han pecado contra mí») indica. Se trata de la ciudad de Adam (Jos 3.16; 1 R 7.46) situada entre Sucot y Zaretan y en el camino a Galaad, mencionada en el vs. 6.8. Las acusaciones siguen acumulándose en el vs. 9. El sentido general de este versículo es que inclusive los sacerdotes se confabulan para cometer actos criminales. Siquem (la actual Nablus) era una ciudad de sacerdotes y una de las ciudades de refugio (Jos 20.7; 21.21) a la vez que una de las ciudades hacia donde se realizaban peregrinaciones. El libro de los Jueces reporta que en época de Abimelek, Siquem fue destruída como castigo a los ladrones de caminos que habitaban allí (Jue 9.25, 45). El próximo vs. (6.10) es traducido por la RVR «En la casa de Israel he visto cosas horribles: allí fornicó Efraín y se contaminó Israel». Casa de Israel debería leerse como nombre propio «Casa de Israel» refiriéndose a la dinastía reinante. Es allí donde, el profeta aclara, está la raíz de la infidelidad. El profeta hace responsable a la clase dirigente de los pecados de promiscuidad e idolatría que se ven en Israel. La primera parte del vs. 11 es claramente un agregado posterior de redactores de Judá con la intención de aplicar el mensaje de Oseas no sólo a Israel, sino también a Judá. La siega que Dios ha preparado para Judá simboliza el castigo (cf. Jer 51.33). Siendo culpable de los mismos pecados de Israel, Judá puede esperar el mismo castigo que llegó con la caída de Jerusalén a manos de los babilonios en el 587 a.C. Su arrogancia está señalada por las críticas del profeta Jeremías, «Negaron a Jehová y dijeron: "Él no existe y no vendrá mal sobre nosotros ni veremos espada ni hambre"» (Jer 5.12). Otro añadido redaccional proclama en la segunda parte del vs. 11 «cuando yo haga volver el cautiverio de mi pueblo» con la intención de aplicar los siguientes versos de Oseas y la esperanza de restauración que ellos proclaman tanto a Judá como a Israel. Si bien estas consideraciones pueden parecer sumamente técnicas, son indispensables para entender cómo se ha compuesto la literatura profética y cómo la comunidad de fe se ha sentido con la libertad de actualizar la palabra profética para la generación de entonces. Las lecturas fundamentalistas de la Escritura ignoran totalmente este proceso redaccional (corroborado además por más de doscientos años de trabajo exegético de biblistas especializados) negando al texto bíblico su propia voz y alterando irremediablemente el mensaje de los profetas y el testimonio de la fe de las comunidades que nos precedieron.

El vs. 7.1 debiera traducirse «Cuando quería curar a Israel, entonces se descubrían los pecados de Efraín y las maldades de Samaria, pues actuaron de mala fe». La intención de Dios es restaurar a su pueblo, su deseo es redimir a quienes se han apartado de Él. Mas frente a esta intención salvadora, la respuesta es la evidencia continua del pecado. Ibn Ezra comenta «ellos dicen: "él Dios- nos hirió, él nos sanará," mas Dios dice, "cuando deseaba curarlos, su maldad todavía permanecía en su corazón, porque no la habían dejado de lado, porque han cometido muchos engaños. Por las noches roban, y durante el día, asolan en bandas las afueras de la ciudad."» El pueblo piensa que Dios no lleva cuenta de sus transgresiones «y no reflexionan que llevo cuenta de todas sus maldades, ya los han copado sus acciones, las tengo delante de mí» (Os 7.2; BP).

7.3–7 *La infidelidad de los reyes*

Estos versos parecen localizarse en los años finales de la monarquía israelita después de la muerte de Jeroboam II (746 a.C.) Los últimos reyes tuvieron reinados breves con finales trágicos. Zacarías duró nada más que seis meses, Salún solo uno, Pecahías fue destronado luego de solo dos años. Las revueltas de este período se relatan en 2 Reyes 14–16. La corrupción de la corte desestabiliza completamente el sistema de gobierno. La adulación cortesana encubre la traición que se gesta a espaldas de Dios y cuyo producto es la degradación sin remedio de la situación política del Reino del Norte. En esta situación, el profeta condena a los líderes por no clamar a Dios.

7.8–16 *La confianza en naciones y dioses extranjeros traerá condenación*

El texto nos transporta ahora de la situación de anarquía interna de Efraín a las relaciones exteriores. Oseas denuncia la política exterior impía y su ingratitud para con Dios. No es de extrañar entonces que pueblos hoy en día también actúen de manera similar. Olvidando las bendiciones que han recibido del Altísimo, se embarcan en políticas exteriores que son totalmente lo opuesto a lo que Dios quiere. Los cambios de dinastía en Israel estaban muy relacionados con la situación internacional. Las dos potencias de entonces, Egipto y Asiria, conspiraban con políticas intervencionistas para derrocar gobiernos hostiles e implantar gobiernos títeres en su lugar. Así han funcionado los imperios desde el umbral de la historia de la humanidad, y no es de sorprender que lo mismo hagan hoy. En los últimos siglos, Occidente ha sufrido las consecuencias de las luchas imperialistas. El imperio español, el británico, el soviético, el estadounidense han colisionado buscando el dominio absoluto sin importar los «daños colaterales» que esa lucha produzca. Israel en el siglo VIII a.C. es víctima de esa pugna por el dominio del corredor sirio-palestino entre Egipto y Asiria. Dios condena la ingenuidad de la clase dirigente que piensa que vendiéndose a uno de los imperios se puede estar a salvo: «Efraín es como paloma incauta, sin discernimiento: claman a Egipto, acuden a Asiria» (Os 7.11) en lugar de clamar al Dios vivo. Las misericordias de Dios han acompañado a Israel, sin embargo «No clamaron a mí de corazón» (Os 7.14) dice el Señor.

8.1–14 *Israel ha roto el pacto con Dios*

En medio de la anarquía interior y la desorientación de la política exterior de Israel, el profeta clama que la hora del juicio ha llegado. Al profeta se le comisiona para hacer sonar la alarma (cf. Am 3.6; Jer 6.1; Ez 33.3–6). Las razones de la calamidad que se avecina se especifican a continuación, pues Israel ha violado el pacto con Dios y se ha rebelado contra las enseñanzas de Dios. El clamor de Israel de haber conocido a Dios se vuelve contra ellos al enumerar Dios las acciones pecaminosas del liderazgo político-religioso: han elegido reyes no sancionados por Dios (cf. Os 7.3, 5, 7,16; 8.10; 2 R 15) y han fabricado ídolos. Oseas relaciona a los reyes con los ídolos: ambos se han producido por mano y voluntad humana, no divina. La ruina se avecina. Israel será consumido. Es en vano darle leyes a este pueblo, dice Dios, pues las consideran algo extraño. Por lo tanto Dios no aceptará los sacrificios. El ritual resulta vano si no se siguen las enseñanzas éticas de la Torá. El castigo será volver a la esclavitud. El pueblo ha olvidado al Dios liberador y ha intentado modelarse a la imagen de los imperios de su época en lugar de modelarse a imagen de su hacedor.

9.1–9 *Llega la hora del juicio*

Habiendo anunciado que Dios castigará a Israel con el exilio, el profeta ahora describe el trágico efecto que tendrá el exilio en la vida social y religiosa del pueblo escogido. El profeta proclama que Israel no debe alegrarse en ocasiones festivas como hacen los otros pueblos, ya que es culpable de haber abandonado a Dios. Israel será exilado y volverá a ser un pueblo esclavizado, tal como lo fue en Egipto. Ya no podrán celebrar los festivales sagrados ni comer los alimentos prescriptos por Dios en su Ley. El pueblo adúltero es expulsado de la tierra prometida. El tema de la infidelidad de Israel, iniciado en el vs. 4.1, y el consecuente castigo se nos presentan de manera recurrente: «Lo mismo será con el pueblo que con el sacerdote: los castigaré por su conducta y les pagaré conforme a sus obras» (Os 4.9); «No consideran en su corazón que tengo memoria de toda su maldad. Ahora los acorralan sus propias obras, que están delante de mí» (Os 7.2); «Ahora se acordará él de su iniquidad, castigará su pecado y tendrán que volver a Egipto» (Os 8.13); «Vinieron los días del castigo, vinieron los días de la retribución» (Os 9.7); «Él se acordará de su iniquidad y castigará su pecado» (Os 9.9).

Luego de las acusaciones de los vs. 1–7a el texto registra la respuesta de los oyentes al mensaje de Oseas. Los vs. 7b–8 muestran con qué descaro los líderes acusan al profeta de Dios de ser un tonto, de estar loco (para el uso de esta palabra hebrea ver Pr 10.14 y 14.13).

9.10–17 *Las consecuencias de haber abandonado el pacto*

En esta sección el profeta contrasta dolorosamente el plan de Dios para con Israel con la situación del país. La relación del pueblo con Dios había comenzado con toda la frescura e inocencia del amor juvenil, pero los líderes del pueblo condujeron a la gente a adorar a cuanto ídolo estaba disponible, contaminándose así frente a Dios. El pecado «original» de Israel que se nos presenta como paradigma de la conducta posterior es la adoración idolátrica. El castigo divino invierte la promesa original de multiplicarse y ser bendecidos: «no habrá parto, ni embarazo, ni concepción» (Os 9.11; BP). Dios dejará a su pueblo sin descendencia. «Dales, Señor; ¿qué vas a darles? Dales vientres que malparan, pechos secos» (Os 9.14; BP). El santuario de Gilgal era un centro del culto a Baal (ver Os 5.15; 12.11; Am 5.5) asociado con el comienzo de la monarquía. El pecado de los líderes continúa el pecado de Saúl (1 S 11.14–15; 13.7–14; 15.10–23). El pueblo en su totalidad paga por los pecados de los líderes, «todos sus príncipes son desleales» (Os 9.15). El castigo prometido es el exilio y una vida errante, es la inversión de la promesa original de tierra, abundancia de población y bendiciones divinas. La liberación de Egipto traía consigo responsabilidades y obligaciones de parte de los líderes y del pueblo. La violación del pacto, especialmente de parte de la clase dirigente, altera la situación de liberación a nueva esclavitud. En vez de escoger al Dios que libera los líderes escogen a los ídolos que esclavizan. Es muy importante recordar que en la teología bíblica la liberación no es incondicional. Dios es un Dios liberador que rescata a su pueblo de la esclavitud y la opresión, pero también es un Dios que vuelve a enviar a su pueblo al exilio y a la esclavitud cuando el pueblo se aparta de los designios divinos. «Mi Dios los desechará porque ellos no lo oyeron, y andarán errantes entre las naciones» (Os 9.17).

10.1–8 *Israel tiene el corazón dividido*

En su prosperidad Israel no ha incrementado su fidelidad al Señor sino que son sus altares a otros dioses y sus ídolos los que se han multiplicado (Cf. Ex 23.24; Lv 26.1; Dt 16.22. Cf. también Os 12.11). En vez de haber entendido la prosperidad como una bendición divina, Israel se aparta del Dios de sus ancestros para buscar en los ídolos y la religión cananea su satisfacción. Mas el Dios que ha actuado en la historia de su pueblo para rescatarlos de la esclavitud no permanecerá impasible frente a la infidelidad de su pueblo. Los altares y los ídolos de Israel serán destruidos y lo que Israel ha elegido como dioses serán llevados a Asiria como trofeo del conquistador. El apartarse del Dios liberador conlleva apartarse también de sus demandas éticas: «Ellos pronuncian palabras, juran en vano al hacer un pacto» (Os 10.4).

10.9–10 *El pecado empezó en Gabá*

El pecado de Gabá es el mencionado en Jueces 19.14–30, donde la población actúa de manera similar a la población de Sodoma en Génesis 19. El doble crimen está en el pecado y en la negación de justicia de parte de los benjaminitas para el levita. El castigo llega a ambas ciudades.

10.11–15 *Justicia en lugar de militarismo*

Israel ha pecado continuamente desde la época de los Jueces, y Dios está a punto de convocar a todas las naciones contra Israel de la misma manera que todas las tribus fueron convocadas para castigar a la población de Gabá. La destrucción se podría haber evitado si Israel hubiera buscado al Señor. Pero en su lugar, Israel confía en su poderío militar. El castigo que se avecina toma en cuenta esta decisión de los líderes de Israel: «Porque confiaste en tu camino y en la multitud de tus valientes, en medio de tus pueblos se levantará un alboroto; todas tus fortalezas serán destruidas» (Os 10.13–14). Todo lo que se levanta como alternativa al dominio de Dios, sean ídolos o poderío militar, no permanecerá. Dios destruirá tanto lo uno como lo otro. Israel debía depositar su confianza en Dios, y no en los ídolos ni en sus ejércitos y fortalezas. Como Israel ha rechazado a Dios confiando en lo que no es Dios, el Dios vivo abandona a su pueblo en manos de los invasores asirios.

11.1–11 *La elección de Israel*

Dios ha amado a Israel desde que éste era una pequeña nación esclavizada en el gran país de Egipto. «Amar» tiene aquí no un sentido sentimental sino el sentido de elegir, poner en primer lugar. Dios se dedica a Israel como una madre o un padre a su hijo amado: le enseña a andar, lo lleva en brazos, le provee el sustento necesario. «Fui para ellos como quien alza una criatura a las mejillas; me inclinaba y les daba de comer» (Os 11.4; BP). La respuesta de los líderes no es la esperada por Dios: en lugar de fidelidad absoluta Israel coquetea con los Baales, ofrece sacrificio a los ídolos, quema ofrendas a dioses que no son Dios. De esta manera, Israel se aparta del cuidado de su Salvador, y su destino está en volver a la esclavitud de la que fue rescatado. Asiria será su nuevo amo, «porque no se quisieron convertir» (Os 11.5).

Los vs. 8–11 parecen dar un vuelco radical en el discurso de condenación que parece ser perpetuo. Dios muestra sus sentimientos, como un padre o una madre que, a la vez que debe castigar a sus hijos, se compadece del sufrimiento de éstos. «Mi corazón se conmueve dentro de mí, se inflama toda mi compasión» (Os 11.8). El castigo será duro, pero Dios no abandona completamente a Israel. Así como un padre o una madre no abandona a sus hijos, el amor de Dios por Israel no desaparece por los pecados de su pueblo.

Introducción a los capítulos 12–14. Juicio y salvación (Relectura)

Estos capítulos finales forman la última parte del libro de Oseas. Existe consenso entre los biblistas que esta sección no proviene directamente de la mano del profeta sino de un editor que medita y reelabora el mensaje de Oseas para una comunidad de una época posterior. Como veremos en múltiples casos, la reedición y actualización de la palabra profética era una práctica común en la comunidad israelita, y no debe sorprendernos. Esta sección desarrolla componentes también presentes en los primeros capítulos del libro: pleito (12.3), denuncia de pecados (12.4–14.1), oráculo de restauración (14.2–9).

12.1–15 El Señor entabla pleito con Israel

La mención de Judá en este contexto podría originarse en el profeta Oseas, pero es probablemente un añadido posterior de un redactor de Judá que busca hacer hablar el texto del profeta a su generación. El texto quiere hacer patente la continuidad entre el comportamiento actual de Efraín y el de su antecesor legendario Jacob (cf. Gn 25.26 y 27.46). Las acciones de Efraín son engañosas porque se involucra en relaciones con naciones extranjeras en lugar de depositar su confianza absoluta en Dios (cf. 5.13; 7.11; 8.9; 10.4; 2 R 17.4 e Is 30.6ss). El aceite era uno de los principales productos de Israel (Dt 8.8; Ez 16.9), y se enviaba a Egipto como regalo. La búsqueda de apoyo en los imperios contradice el pacto que Dios ha establecido con Israel. Debe quedar claro que no es el pueblo raso quien dictamina la política exterior de Israel o con quién se deben establecer alianzas. Es la dirigencia política, que ha abandonado al Dios de sus padres para adorar el poder de los imperios de la época. El vs. 7 llama a la conversión de estos líderes. Recordemos que esta palabra no implica un cambio de religión, sino un cambio de conducta: «Tú, pues, vuélvete a tu Dios; guarda misericordia y juicio, y en tu Dios confía siempre» (Os 12.6). Tres son las palabras claves de este cambio de conducta: misericordia, justicia legal (que la RVR traduce habitualmente por «juicio») y confianza absoluta en Dios. El profeta nos presenta aquí un resumen de lo que significa vivir fielmente. No se trata de la aceptación de un sinnúmero de dogmas y tradiciones, ni del seguimiento de un ritual determinado. Misericordia, justicia, y confianza en Dios: estos tres son un resumen de lo que el Dios de Israel requiere de quien quiera seguirle.

A continuación Dios describe a Israel de una manera peyorativa con el nombre de Canaán (Fenicia, cf. Gn 10.15; Is 23.11), que se asociaba con el comercio (Job 41.6; Pr 31.24; Ez 17.4). Israel adopta los valores de los pueblos vecinos y quiere acumular riqueza y poder como ellos, olvidando que Dios no lo sacó de Egipto para que fuera una nación como las demás, sino un pueblo que brillara por su justicia. Pero todo ese dinero y poder no alcanzarán para salvar a Israel del castigo que se avecina.

13.1–15 ¡No hay salvación fuera de mí!

Este capítulo resume lo que se ha venido diciendo anteriormente: la promesa de Dios a su pueblo, el cuidado divino para con Israel, la infidelidad de los líderes, la debilidad de los reyes y la falta de discernimiento del pueblo. Todo ello apunta a la desgracia mayúscula que está por caer sobre Israel.

El vs. 1 rememora un tiempo cuando la tribu de Efraín tenía mucha influencia y poder dentro de la comunidad tribal de Israel. El pecado que se evoca puede referirse al restablecimiento de los ídolos durante el reino de Jeroboam I. Éste es el comienzo de la decadencia del Reino del Norte, de acuerdo al monoteísmo estricto de los profetas. Durante la época de Oseas, Israel no se comporta mejor de lo que hizo Efraín. El profeta contrapone la inutilidad de los ídolos con la acción salvífica de Dios. Los ídolos no son más que obra de los artífices; no son nada. En cambio, proclama Dios «Mas yo soy Jehová, tu Dios, desde la tierra de Egipto; no conocerás, pues, otro dios fuera de mí, ni otro salvador sino a mí» (Os 13.4). Dios es el único que puede salvar. El Dios vivo es el que Israel ha conocido en el evento liberador del Egipto; mas Israel se siente satisfecho. Ya no tiene necesidades en su prosperidad, y se ha olvidado de Dios. El pecado de ingratitud sigue la secuencia: saciedad, arrogancia, olvido (cf. Dt 8; 32.15). Por eso Dios se convertirá en azote y castigo para su pueblo infiel. El Dios que salva ahora es el Dios que condena. «Samaria será asolada, porque se rebeló contra su Dios; caerán a espada, sus niños serán estrellados, y abiertas sus mujeres encintas» (Os 13.16).

14.1–9 *¡Conviértete Israel!* (cf. Jer 3.14–22)

El último capítulo del libro de Oseas nos presenta una oración, un ruego sobre Israel escrito en nombre de Oseas. El redactor final del libro nos propone de esta manera recuperar el componente esperanzador de todo mensaje profético: si hay arrepentimiento, hay posibilidades de evitar el castigo.

Llamados al arrepentimiento y la conversión se han visto ya en 6.1 y en 10.12. Lo destacable de esta exhortación en particular estriba en el reconocimiento de que la relación de Dios con Israel no se ha roto irremediablemente, como se podría deducir de 1.9. La descripción del amor de Dios por Israel es realmente hermosa. El amor de Dios vence la iniquidad dc su pueblo y el mensaje de sanidad divina nos anuncia la restauración de la relación del pueblo con Dios.

14.10 *Epílogo*

Este último versículo, añadido también por un editor posterior, nos recuerda que los textos que nos han legado nuestros padres y madres en la fe no siempre resultan claros y fáciles de entender. Sin embargo, «los caminos del Señor son llanos por ellos caminan los justos, en ellos tropiezan los pecadores» (14.10; BP).

4. Visión de conjunto

El contraste entre los libros de Amós y Oseas se puede observar en lo que condenan. Para Amós el pecado principal es la injusticia; para Oseas es la idolatría. Dos temas concentran la atención del libro de Oseas: la denuncia contra el culto a Baal y el llamado al arrepentimiento. La predicación del profeta se entronca decididamente en la tradición mosaica y en las experiencias del pueblo de Israel con Dios. A diferencia de los profetas de Judá, para quienes la tradición fundante por excelencia es la elección de la dinastía davídica y de Sión, para Oseas es el pacto sinaítico lo que fundamenta su diatriba contra los que se han apartado del pacto. Oseas percibe la historia de Israel en cuatro períodos. El primero es el período patriarcal (Os 12.4–7; 13.3–6, 12) donde parece estar familiarizado con las tradiciones sobre Jacob. El período patriarcal es seguido por el período del Éxodo y la marcha por el desierto (12.13–14; 2.16–17). Para Oseas, tanto como para Jeremías (Jer 2.2ss) la marcha por el desierto había sido el período ideal en la historia de la relación de Israel con su Dios. Comienza con la salida de Egipto bajo el liderazgo del profeta Moisés (11.1; 12.10; 14) y continúa hasta el episodio de Baal-Peor (Nm 25.3–5). Fue una época cuando la relación con Dios era perfecta (Os 2.15; 9.10; 11.1). Es en ese tiempo que la religión de Israel no se ha contaminado por la influencia de la religión cananea. Se puede asumir que los inicios de la religión de Israel no fueron demasiado sofisticados. Pero parece ser esa sencillez y austeridad lo que hace de ese período una etapa idealizada a los ojos del profeta. El tercer período está marcado por la creciente adaptación a la religión cananea, y comienza con el pecado de Baal-Peor. En ese momento Israel se hace detestable a los ojos de Dios (9.10) y trae su impureza a la tierra prometida (8.11; 12.12). La progresiva organización política del país con su consiguiente complejidad fue acompañada por una adaptación de las tradiciones teológicas al mundo sedentario con la consiguiente incorporación de los dioses pertinentes (cosecha, lluvias etc.) propios de la religión cananea. El culto a Baal se entiende en este contexto donde los dioses parecían tener un dominio limitado sobre ciertas zonas de influencia. ¿Podría el Dios del desierto proveer de trigo, vino, y olivos? (Os 2.8). La respuesta del profeta a esta pregunta es definitiva y terminante. El pueblo escogido que ha sido liberado de Egipto no puede darle la espalda a Dios sin sufrir el castigo divino. Oseas nos recuerda que la liberación no es incondicional, que Dios requiere de su pueblo un compromiso ético y de adoración. Oseas tiene una actitud ambigua hacia la tierra prometida: por un lado fue un don de Dios, pero por otro es la base de la prosperidad que llevó a la arrogancia de los líderes. Este período asociado estrechamente con la posesión de la tierra termina con la pérdida de ésta. Dios va a revocar su don y va a privar a Israel de la tierra prometida y de la posibilidad de adorar a Dios como corresponde (2.11–15; 3.4; 8.6; 9.4–5; 10.2, 5–6, 8). El rey va a ser destituido y Efraín va ser exilado (7.16; 8.13; 9.3, 6; 11.5). Esta tragedia no es el fin de la relación de Israel con Dios o de la historia de Israel como pueblo. El cuarto y último período, según Oseas, será un período de restauración, un retorno a la época de la marcha por el desierto cuando los Baales no existían para el pueblo (2.16, 19). Dios hará entonces retornar a Israel a la tierra prometida (2.17), y el pacto será renovado con toda la naturaleza (2.17b; 20; 25b). Dios infundirá en el pueblo las virtudes de la justicia y la misericordia y de esta manera Israel tendrá comunión con Dios. La tierra prosperará y dará su fruto (2.23–24), mientras que los aspectos cúlticos formales pasan a un segundo plano. Tal vez una de las contribuciones más notables de Oseas al pensamiento teológico es su elaboración del concepto «conocimiento de Dios.» Oseas utiliza el verbo «conocer» con suma frecuencia. El verbo «conocer» tiene en las lenguas semíticas un sentido mucho más amplio que el mero conocer intelectual. Tiene la connotación de unión íntima, comunión espiritual, y también se utiliza para la intimidad de la relación sexual. En la Biblia Hebrea, el verbo «conocer» en muchas ocasiones denota una acción que involucra preocupación, compromiso, dedicación. Dios «conoce» la situación de opresión de su pueblo (Ex 2.24–25) y sus sufrimientos (Ex 3.7). Los israelitas «conocían el corazón del extranjero» (Ex 23.9), es decir, debían tener simpatía por el extranjero. En 1 Samuel se nos cuenta que los hijos de Elí «no conocían al Señor» (1 S 2.12), es decir, no era que les faltaba información sino que faltaba compromiso y afecto por el Dios de Israel. Con la utilización de la frase «conocimiento de Dios» Oseas reclama de Israel no sólo la obediencia concreta sino también el sentimiento, el compromiso interior, la cercanía emocional, la comunión con Dios: «Porque misericordia quiero y no sacrificios, conocimiento de Dios más que holocaustos» (Os 6.6). Aquí el conocimiento de Dios se pone en paralelo a la misericordia, a la empatía, al amor. Dios requiere un compromiso, intimidad, comunión personal, un amor similar al que se establece en una pareja.

B. Joel

El libro de Joel es el segundo en la secuencia del Libro de los Doce en el Texto Masorético hebreo, y el cuarto en la Septuaginta. Es uno de los libros más difíciles de interpretar, y no hay demasiado consenso entre los biblistas acerca de varias de sus problemáticas.

1. El profeta y su contexto

El libro atribuido a Joel hijo de Petuel (1.1) no ofrece información suficiente ni sobre la persona del profeta ni sobre su contexto que nos permita precisar la época en la que se sitúa el escrito. El nombre «Joel», que significa: «Yavé es Dios», aparece frecuentemente en textos tardíos, mayormente en las genealogías del Cronista (1 Cr 5.4, 8, 12; 7.3 etc.), aunque a Samuel se le atribuye un hijo de tal nombre (1 S 8.2). La evidencia interna (vocabulario, gramática etc.) señala a una fecha tardía de composición, probablemente después del exilio babilónico. El libro se dirige a quienes lo han perdido todo, sin mencionar la figura del monarca, sino atribuyendo los roles de liderazgo a los ancianos y sacerdotes (1.2. 13–14; 2.16–17).

2. Estructura del libro

La mayoría de los especialistas concuerdan en ver al libro de Joel como una unidad redaccional, con algunos agregados y relecturas menores (4.1, 18–21 etc.). Esto no implica que hay un sólo autor detrás del texto, sino que un redactor final estructuró diferentes oráculos (tal vez de autores diversos) de una manera coherente.

El libro puede bosquejarse como sigue:

Título	1.1
Llamado a duelo	1.2–2.11
El llamado a la memoria histórica. Las langostas	1.2–4
Informe de la situación	1.5–12
Demanda de una liturgia de lamentación	1.13–18
Clamor a Yavé	1.19–20
El día de Yavé es un día de tinieblas	2.1–11
Penitencia y súplica	2.12–27
Plegaria para la liberación	2.12–18
La respuesta de Dios	2.19–27
El día del Señor	3.1–4.21
La liberación de Jerusalén	3.1–5
Yavé juzga a las naciones	4.1–8
El Señor, refugio de su pueblo	4.9–17
Promesa final de restauración	4.18–21

3. Análisis de textos claves

1.1 *Título*

Palabra que «vino» (lit. «fue, era») a Joel. Esta combinación (verbo «ser» más la preposición «a» conlleva el significado de «comisión, encargo.» Leemos entonces, «Palabra de Yavé que fue encargada a Joel». La palabra de Dios nunca se presenta desencarnada. Un ser humano debe ser el portador del mensaje divino, debe aceptar el «encargo». Por lo tanto, es imprescindible entender que en la tarea de llevar la palabra de Dios a la humanidad somos colaboradores —imprescindibles por cierto— de Dios.

1.2–4 *El llamado a la memoria histórica: Las langostas*

El resto del primer capítulo está estructurado en hebreo en siete estrofas (1.2–4; 5–7; 8–10; 11–12; 13–14; 15–18; 19–20). A diferencia de la tradición teológica occidental, producto en gran medida de la cultura helenista, la religión del pueblo judío es una religión anclada firmemente en la realidad histórica, no en el mundo metafísico de las ideas o de las doctrinas teológicas. Los eventos liberadores de Egipto, las tradiciones del Monte Sinaí, etc. se preservaban en los relatos de los padres y madres a sus hijos, haciendo presente a cada generación que Dios está en activa relación con el pueblo de Israel. El profeta comienza su proclamación tratando de hacer ver al pueblo precisamente este hecho: la relación con Dios en este mundo, con lo que sucede a diario.

Las langostas son una plaga devastadora, que los que viven en contextos urbanos contemporáneos difícilmente han llegado a sufrir. Mucha de la gente del campo, sin embargo, nunca olvida semejante fenómeno si han tenido oportunidad de experimentarlo. El profeta parece presentarnos con un catálogo de diferentes tipos de langostas, mas el propósito no es darnos un curso de entomología (la ciencia que estudia los insectos) sino enfatizar lo terrible de la plaga. Nada ha quedado en pie. Nuestros países latinoamericanos han experimentado estas plagas en más de una forma.

1.5–12 *Informe de la situación*

Esta sección contiene tres estrofas (vs. 5–7; 8–10; y 11–12). La impasibilidad del pueblo ante la invasión parece exasperar al profeta, quien utiliza una serie de imperativos: «Despertad... llorad... gemid...» El profeta utiliza la metáfora de quien está completamente obnubilado por la ingestión continua de bebidas alcohólicas (cp. Os 4.11). Aquellos a quienes se refiere, que beben continuamente, sin embargo, no es un modo de señalar al pueblo en general, sino que apunta a la clase dirigente, de mucho dinero, que pasa su vida de banquete en banquete. No se refiere al campesino bebedor ocasional (Cp. Is 28.1–3). En el vs. 2 el profeta presenta la antinomia entre esta clase dirigente insensible a la situación a que se enfrenta el pueblo (descrita en los versículos siguientes) del que el profeta se siente parte. El profeta no dice «Porque un pueblo fuerte e innumerable subió a *vuestra* o *nuestra* tierra», lo cual incluiría a los gobernantes, sino «a mi tierra» marcando las distancias entre esta clase de gente y el resto del país. El campesino y el pueblo en general son las víctimas directas de lo que está sucediendo. El cantautor latinoamericano Víctor Heredia utilizaba una metáfora similar a esta liturgia de lamentación para describir las consecuencias de la dictadura militar que asoló a Argentina de 1976 a 1983 en su canción «Informe de la situación» (Phonogram, 1982). Estas palabras pueden muy bien aplicarse a otros países de nuestra América hispana:

«Paso a detallar a continuación el sucinto informe que usted demandó; duele a mi persona tener que expresar que aquí no ha quedado casi nada en pie. Mas no desespere, le quiero aclarar que, aunque el daño es grave, bien pudiera ser que podamos salvar todo el trigo joven, si actuamos con fe y celeridad. Parece ser que el temporal trajo también la calamidad de cierto tipo de langosta, que come en grande y a nuestra costa y de punta a punta del país se han deglutido todo el maíz. A los manzanos se los ve cayendo antes de florecer, se agusanaron los tomates, y a las verduras, por más que trate, ya no hay manera de hacerles bien... Ya no sé qué hacer ni tengo con quién. La gente duda en empezar la tarea dura de cosechar, lo poco que queda se va a perder si, como le dije, no ponemos fe y celeridad. Y entre los males y los desmanes hay cierta gente que, ya se sabe, saca provecho de la ocasión; comprando a uno lo que vale dos y, haciendo abuso de autoridad, se llevan hasta la integridad. Suscribo nombre y apellido y ruego a usted tome partido para intentar una solución, que bien podría ser la unión de los que aún estamos vivos para torcer nuestro destino... Saluda a Ud. un servidor».

1.13–18 *Demanda de una liturgia de lamentación: El Día de Yavé*

Esta sección contiene dos estrofas (vs. 13–14 y 15–18). El profeta alterna la descripción de la situación de miseria en los campos (1.7–8; 10; 12; 17), las carencias que sufren los animales (1.18) y los padecimientos de los labradores (1.11) con la descripción de la miseria que tal situación causa en el templo (1.9; 13b; 16), no hay más ofrendas y libaciones. Frente a esta realidad, los bebedores de vino y celebradores de banquetes (1.5) parecen no despertar. Y aún no ha llegado lo peor: el día de Yavé. Ese día de castigo está cercano (Cp. Ez 30.2b–3a; Is 3.6; Sof 1.7).

1.19–20 *Clamor a Yavé*

Frente a lo infructuoso del llamado a la lamentación a la clase religiosa y dirigente, el profeta Joel se une al clamor de la tierra desolada y de los animales desesperados elevando una plegaria de intercesión (Cp. Sal 28.1; 30.9; 86.3). No son los sacerdotes del templo, o los líderes políticos, sino el profeta y las bestias del campo quienes claman a Dios (1.20) en actitud intercesora.

2.1–11 *El Día de Yavé es un día de tinieblas*

Si los eventos narrados en el primer capítulo han despertado la alarma, el segundo capítulo enfatiza que es ahora cuando la verdadera tragedia se aproxima. El temido día del castigo divino viene: «semejante a él no lo hubo jamás, ni después de él lo habrá en los años de muchas generaciones» (2.2b). La manifestación divina (teofanía) se expresa a través de varias imágenes que combinan los fenómenos cósmicos y la invasión militar (Cp. Hab 3.3–12; Neh 1.2–6; Sal 97.2–5; 114.3–7).

2.12–18 *Plegaria para la liberación (cf. Jer 14.1–10)*

El pasaje anterior nos deja en la antesala del ataque. Ahora esta sección exhorta a retornar a Dios y así evitar el castigo. La propuesta es orar y ayunar para obtener el favor de Dios, cuyo terrible arribo se describe en los versículos previos.

Los vs. 1–11 se estructuran de manera concéntrica de la siguiente manera:

A	el Día de Yavé, cercano y tenebroso	vv. 1–2a
B	pueblo grande y poderoso	v.2b
C	teofanía ígnea	v.3
D	como...	vv. 4–5
X	terror de los pueblos	v.6
D'	como...	vv. 7–9
C'	teofanía cósmica	v.10
B'	campamento grande... poderoso el hacedor...	v.11a
A'	el Día de Yavé, grande y terrible	v.11b

El «terror de los pueblos» que es el centro del texto nos señala la dirección en que debemos leer el texto. Dios vendrá a aterrorizar a los pueblos opresores.

La asamblea que se convoca incluye naturalmente a los sacerdotes, pero también a todo el pueblo, a los muchachos, a los niños de pecho, a los maridos y esposas. Los sacerdotes encabezan este pedido de clemencia a Dios: «Perdona, Jehová, a tu pueblo, y no entregues al oprobio tu heredad para que no la dominen las naciones. ¿Por qué han de decir entre los pueblos: "¿Dónde está su Dios?"» (Jl 2.17).

2.19–27 La respuesta de Dios

El Dios de misericordia responde misericordiosamente. Esta misericordia no sólo se expresa en la liberación de los ejércitos «del norte» sino que conlleva también la destrucción del ejército opresor. La liberación siempre tiene consecuencias: no sólo el bienestar para el oprimido, sino también el castigo (y algunas veces destrucción) del opresor. La alegría liberadora alcanza no sólo al pueblo sino también a toda la naturaleza. Dios no sólo restaura a su pueblo sino que lo colma de bendiciones. Ante el clamor del pasaje anterior, «¿Por qué han de decir entre los pueblos: "¿Dónde está su Dios?"» (Jl 2.17), Dios responde «Conoceréis que en medio de Israel estoy yo, y que yo soy Jehová, vuestro Dios, y no hay otro; y mi pueblo nunca jamás será avergonzado» (Jl 2.27). Esto cierra de alguna manera una de las ediciones del libro de Joel que, como veremos, continuó creciendo y acumulando relecturas y nuevos mensajes para la comunidad.

3.1–5 *La liberación de Jerusalén y de la diáspora* (Cf. *Is 24–27; 34–35; Ez 38–39; Zac 14*)

Este texto, que la mayoría de los intérpretes entiende de manera escatológica, no debe leerse enfatizando el don del espíritu (retomado en Hch 2.17–21) sino más bien por su énfasis en la liberación de Jerusalén en el vs. 5, que está estructurado concéntricamente de la siguiente manera:

Y sucederá que
A todo el que invoque
B el nombre de Yavé
C será liberado.
    X Porque en el monte Sión y en Jerusalén habrá escape
      —como ha dicho Yavé—
C' y entre los supervivientes
B' a quienes Yavé
A' llama

Si bien la lectura escatológica es posible, también es necesario destacar que en Números 11, cuando Moisés se queja a Dios por el peso de sus responsabilidades Dios le responde repartiendo el espíritu entre setenta ancianos. Y cuando dos ancianos que no habían estado presentes reciben también el espíritu, Moisés se regocija diciendo: «Ojalá todo el pueblo de Jehová fuera profeta, y que Jehová pusiera su espíritu sobre ellos» (Nm 11.29). Es decir, en la historia de Israel ya existía la experiencia del derramamiento del espíritu y por lo tanto uno puede también leer este texto en el contexto del desarrollo natural de los acontecimientos que llevan a la liberación expresada en el vs. 5.

4.1–8 *Yavé juzga a las naciones*

El día de Yavé, del que nos habla 3.1–5, se especifica aún más en esta sección. Las naciones han abusado del pueblo de Dios y de su templo; han arrasado la tierra, y vendido como esclavos a sus habitantes. La acción salvífica divina no sólo implica la liberación del pueblo de 3.5 sino también el castigo de las naciones opresoras. Repetimos, la liberación de la opresión en estos textos no sólo implica el fin de la situación opresiva, sino también el castigo del opresor. No es sólo la liberación de los esclavos, sino también que los hijos de los opresores son vendidos a su vez como esclavos.

4.9–17 *El Señor, refugio de su pueblo*
Este texto debe leerse a la luz de 3.1–5 y 4.1–8. El día del Señor se nos describe nuevamente ampliando los detalles del castigo a las naciones y el rescate de su pueblo. Esta vez la descripción se hace en términos militaristas: es la batalla entre los ejércitos de Dios y los ejércitos de las naciones. El valle de Josafat, que podría traducirse como «el valle de la decisión judicial», es el escenario de este juicio del Señor sobre las naciones opresoras. Nuevamente, fenómenos naturales poco frecuentes acompañan la manifestación de Dios. La naturaleza presta así reverencia a la presencia divina, simbolizando también la sumisión de los dioses de las naciones, representados por el sol, la luna, y las estrellas. El mensaje que se enfatiza a través de esta repetición de descripciones del día del Señor puede encontrarse en los vs. 16b–17: «pero Jehová será la esperanza de su pueblo, la fortaleza de los hijos de Israel. Entonces conoceréis que yo soy Jehová, vuestro Dios, que habito en Sión, mi santo monte. Jerusalén será santa y extraños no pasarán más por ella» (Jl 3.16–17).

4.18–19 *Promesa final de restauración y castigo a las naciones opresoras*
Los últimos dos versículos cierran el libro con un mensaje de esperanza: esperanza para el pueblo de Dios por un lado, castigo terrible para las naciones opresoras de Egipto y Edom por el otro. De esta manera se nos vuelve a recordar que la acción divina es «evangelio», es decir, «buena noticia» para los que sufren; pero mala noticia para los opresores.

4. Visión de conjunto

Una de las mayores contribuciones del libro de Joel al pensamiento de la Biblia Hebrea es su presentación del Día del Señor. Esta expresión ocurre cinco veces en el libro (1.15; 2.1; 11.31, 3.14) y expresa la realización de la justicia divina en los destinos de su pueblo. Esto implica salvación, liberación, seguridad para los que invoquen el nombre de Dios, como también castigo ejemplar a las naciones opresoras. Joel anuncia este mensaje primordialmente a Judá; Amós lo hará a Israel (Am 1.1; 6.3; 9.11–15).

En el contexto del Día del Señor, Joel desarrolla el concepto de arrepentimiento, conversión, retorno a Dios (2.12–17), lo que libra del castigo y provoca la bendición divina. Asimismo, el Día del Señor trae involucrado el derramamiento del espíritu del Señor (cf. Nm 11.29), lo que democratiza el liderazgo religioso y espiritual. Como hemos mencionado, si bien la mayoría de los intérpretes asigna un carácter escatológico a estos textos, debe hacerse el esfuerzo de entenderlos a la luz de la historia concreta del pueblo de Dios y como una manera de proclamar que el orden de injusticia no permanecerá para siempre. El Día del Señor traerá justicia, consuelo, liberación y refugio a los oprimidos y castigo ejemplar a las naciones opresoras.

C. Amós

El siglo VII a.C. ve nacer en Israel un fenómeno nuevo: profetas que dejan su obra por escrito. A diferencia de los profetas que aparecen en la Historia Deuteronomista (Josué-Reyes), de cuyo mensaje no han quedado registros detallados (al menos en nuestra colección canónica), a partir de Amós una serie de profetas dejarán por escrito el contenido de su mensaje para la posteridad.

El siglo VIII se destaca también por el formidable crecimiento económico de Israel. Los beneficiarios de este crecimiento fueron básicamente la elite, la clase dominante en los ámbitos económico y político. A través de diferentes medios (legales e ilegales) esta clase fue capaz de acumular riqueza a través de la expropiación de las clases campesinas y trabajadoras. El efecto de tal dinámica produjo una crisis social y económica. La acumulación de tierras produjo grandes masas de «des-terrados» e indigentes.

1. El profeta y su contexto

El profeta Amós es descrito en el prólogo de su libro como un pastor de Tecoa (unos 17 km. al sur de Jerusalén). Su actividad profética se sitúa durante los reinados de Jeroboam, hijo de Joás, rey de Israel, y de Uzías, rey de Judá (Am 1.1); es decir, entre los años 785 y 745 a. C.

2. Estructura del libro

El libro de Amós comienza con un título típico de los libros proféticos (cp. Os 1.1; Is 1.1; Jer 1.1). El resto del libro puede organizarse de diversas maneras. La estructura que proponemos es la siguiente:

Título	1.1
Oráculos contra las naciones	1.2–2.16
Condena de la elite de Israel	3.1–6.14
Dios, león rugiente	3.1–8
Destitución de los ricos	3.9–4.3
Amós llama a Asdod y a Egipto	3.9–10
El destino de los opulentos	3.11–4.3
¡Pero no volvisteis a mí!	4.4–13
Lamento por la destrucción de Israel	5.1–17
Visiones de Amós y reacción de la casa real	7.1–9.10
Primera visión (Langostas)	7.1–3
Segunda visión (Fuego)	7.4–6
Tercera visión (Estaño)	7.7–9
Sacerdote contra profeta	7.10–17
Cuarta visión (Higos maduros)	8.1–3
Oráculos de juicio contra los opresores	8.4–14
Quinta visión (Destrucción y aniquilación)	9.1–10
Oráculo de bendición y restauración	9.11–15

3. Análisis de textos claves

1.2–2.16 *Oráculos contra las naciones*

«Jehová rugirá desde Sión», declara Amós en anticipo de la ira que se avecina. El profeta proclama en primer lugar el juicio y la sentencia de varias naciones vecinas de Israel (Damasco, Filistea, Tiro, Edom, Amón, y Moab) para luego declarar los pecados de Judá e Israel. Cada uno de estos oráculos está compuesto de ciertos elementos comunes. Comienzan con la fórmula del mensajero,

«Así ha dicho Yavé», seguido por una acusación genérica, «por tres pecados de... y por el cuarto», seguida de un anuncio de castigo, también genérico, «no revocaré su castigo.» Luego se especifica el crimen de que se acusa a cada nación, para declarar un castigo acorde. Finalmente, parte de los oráculos concluyen con la fórmula «dice Yavé» o expresiones similares. Los pecados denunciados por Amós en los países extranjeros se pueden caracterizar como crímenes de guerra, derivados de una crueldad excesiva contra los vencidos (abrir el vientre de las embarazadas, 1.13b) y por la esclavización y venta de poblaciones enteras (1.6b; 1.9b). ¿Cómo sonarían estas palabras de Amós en los oídos de los conquistadores de la cruz y la espada que provocaron el genocidio de los pueblos originarios de nuestra América? ¿Cómo sonarían estas palabras a los dueños de plantaciones y traficantes de esclavos que no hace mucho tiempo atrás, en medio de nuestra sociedad occidental y cristiana, desgarraron dos continentes con sus crímenes?

A diferencia de los oráculos contra las naciones extranjeras, los pecados denunciados en Israel y en Judá no tienen relación con crímenes de guerra, sino con la situación interna social, política, económica y religiosa. Los pecados de Judá (2.4–5) se presentan de una manera muy sucinta como un extravío de la ley de Dios, de sus mandamientos. Los pecados de Israel son mucho más detallados, ya que es precisamente en Israel donde profetiza Amós. Estos versículos nos presentan ciertamente un resumen del mensaje general del libro y por eso merecen una lectura más detallada.

El primer pecado de Israel se describe como «porque vendieron por dinero al justo y al pobre por un par de zapatos» (2.6). Esta expresión utiliza el recurso del paralelismo sinónimo para expresar una idea. El profeta proclama que el justo-pobre es vendido por dinero-par de zapatos. Esto nos da una clave para entender el mensaje profético y su postura respecto a la opresión. El justo y el pobre no son dos grupos distintos, sino que son una misma cosa. El pobre es justo, inocente, de acuerdo al profeta, porque sufre las consecuencias de la opresión.

El segundo pecado sigue en la misma línea del primero: «Pisotean en el polvo de la tierra las cabezas de los desvalidos y tuercen el camino de los humildes» (2.7).

Aquí nos encontramos con una situación similar: los desvalidos/ humildes son los que sufren el ser pisoteados. La segunda parte (torcer el camino) sería tal vez mejor traducirla como «rechazan la causa de los humildes».

El tercer pecado nos lleva al ámbito de lo doméstico: «El hijo y el padre se allegan a la misma joven, profanando mi santo nombre». Aquí se trata de una jovencita, una sierva, que sufre los acosos sexuales tanto del padre como del hijo de la familia. Lo fundamental en este texto es entender que algo tan común en nuestros países, considerado casi normal en las familias pudientes, implica una profanación del nombre del Señor, y por lo tanto merecedor de la pena máxima. ¡Tan distinta es la visión del profeta de la de la sociedad que nos rodea!

El cuarto pecado de Israel muestra la conjunción de la corrupción religiosa con la opresión económica: «Sobre las ropas empeñadas se acuestan junto a cualquier altar, y el vino de los multados beben en la casa de sus dioses». Sabemos por Éxodo 22.26–27 que «si tomas en prenda el vestido de tu prójimo, a la puesta del sol se lo devolverás, porque solo eso es su abrigo, el vestido para cubrir su cuerpo. ¿Con qué dormirá? Y cuando él clame a mí, yo le oiré, porque soy misericordioso». Sin embargo esta tradición inspirada en la compasión y la justicia, como Dios las entiende, no encuentra eco en esta gente que describe Amós. El «vino de los multados» debería entenderse como vino adquirido por las multas que ellos imponen o vino expropiado en pago por dichas multas.

Al describir estos pecados surge naturalmente la pregunta, ¿son éstos pecados de todo Israel? Lo primero que debemos aclarar es que los pecados descritos son pecados cometidos en Israel, no de todo Israel. La segunda aclaración apunta a identificar con más precisión a los ejecutores de estos pecados. ¿Quiénes están en posición de vender al pobre por dinero? ¿Los pobres? Ciertamente que no. ¿Quiénes están en posición de pisotear la cabeza del desvalido? ¿El desvalido? Ciertamente que no. ¿Quiénes son los que pueden disfrutar de personal doméstico, para servirles en toda necesidad? ¿Las mujeres necesitadas? Ciertamente que no. ¿Quiénes son capaces de retener la prenda empeñada? ¿Los que son tan pobres que no les queda más remedio que empeñar sus ropas para conseguir alimento? Ciertamente que no. La conclusión es evidente. Esta denuncia no apunta a todo Israel, a cada ciudadano del Reino del Norte. Esta denuncia señala los pecados de una clase social específica y bien definida: los ricos, los líderes políticos, la elite gobernante.

El último pecado tiene que ver con la supresión del mensaje profético por parte de esta clase gobernante. Amós les reclama: «Mas vosotros disteis a beber vino a los nazareos, y a los profetas mandasteis diciendo: "No profeticéis"» (2.12). La violencia ejercida desde el poder no tolera profetas que la llamen a la conversión. Hay que corromperlos o censurarlos. De igual manera, en Miqueas la elite no brinda espacio para la palabra que viene de Dios.

3.1–6.14 *Condena de la elite de Israel*
Esta sección comienza con un llamado a la memoria histórica del pueblo. Dios reclama el derecho de castigar a Israel debido precisamente a sus obras salvíficas. Dios ha liberado a Israel de Egipto, y escogido a su pueblo entre todas las naciones. Esta elección, este pacto, implicaba obedecer los mandatos de Dios. Por el modo en que se desarrolla el libro de Amós, se ve claramente que el liderazgo de Israel no ha seguido las normas de justicia social que Dios demanda. El castigo está pronto; las consecuencias no se harán esperar.

3.3–8 *Dios, león rugiente*
Esta sección es una unidad en sí misma, que si bien se distingue claramente de lo que la precede, sirve de preámbulo a la denuncia que sigue. Se retoma el motivo del rugido del león (1.2) y se declara que el anuncio de castigo que se proclama a continuación es palabra de Dios.

3.9–4.3 *Destitución de los ricos*

Esta sección representa una de las más duras y sistemáticas críticas proféticas a las clases dominantes de Samaria. El texto describe la opresión que reina en la ciudad capital de Israel (3.9–11), y pasa a describir el juicio de Dios sobre los ricos (3.12–4.3). La conexión no pasa desapercibida al lector atento. Son los ricos quienes son responsables directos de la opresión, y por lo tanto serán justamente castigados.

3.9–10 *Amós llama a Asdod y a Egipto a observar la situación en Samaria*

Los motivos de esta invitación residen en el género de este oráculo, que se presenta como un proceso judicial. Por lo tanto, el profeta procede a llamar a los testigos. En la medida en que los centros urbanos concentraban progresivamente las funciones administrativas y militares del estado, la clase dirigente de tales centros incrementaba su poder en relación a la campiña circundante. La mención de los palacios fortificados (mejor traducción que solamente «palacios» como hace la RVR) es significativa, ya que es precisamente esa la sección del palacio donde reside la elite gobernante. El profeta describe la situación imperante en Samaria en términos muy duros: «las muchas opresiones en medio de ella y las violencias cometidas en su medio». Tal vez una situación no muy distinta de muchas ciudades de nuestro continente. La diferencia, sin embargo, es que el profeta inspirado ve la opresión y la denuncia. Al igual que el filósofo de Platón (427–347 a.C.) en la «Alegoría de la Caverna», el profeta ve la realidad con ojos distintos. Ve claramente; ve las cosas como son. Las muchas opresiones se ocultan hoy como el resultado del libre juego de oferta y demanda de trabajo, bajo la bandera de nuevos planes económicos. El profeta ve la ciudad llena de opresión y de violencia contra los más débiles. No es difícil imaginar los argumentos que falsos profetas esgrimirían en contra de tal denuncia: «Amós debe pertenecer a un partido desestabilizador; es un enemigo interno; es un traidor a la patria». Falsos profetas que ocultan la visión de Dios a su pueblo y así se hacen cómplices de la situación que ayudan a sostener. Amós ve la realidad inspirado por Dios. Amós ve la opresión.

Y ante esa visión, el profeta denuncia: «No saben hacer lo recto, dice Jehová; atesoran rapiña y despojo en sus palacios» (3.10). ¿Quiénes son los que atesoran fortunas en sus palacios? ¿Hemos de pensar que nadie en todo Israel sabe hacer lo recto? ¡Esa es la respuestas de los ricos que quieren ocultar su pecado acusando a todos los demás! Para el profeta no es así. El profeta denuncia a quienes se han enriquecido a costa de otros, a través de ese proceso de explotación y violencia descrito en el vs. 3.9b. Son ellos los que no saben hacer lo recto.

3.11–4.3 *El destino de los opulentos*

¿Qué esperanza hay para esta gente? ¿Cuál es el mensaje del profeta? La ironía del vs. 12 es tal vez cruel; pero los vs. 13–15 son lapidarios: No hay esperanza para los ricos. Dios destruirá sus mansiones, sus casas de marfil, sus residencias de invierno y sus residencias de verano (cp. 1 R 21.1; 21.18 para las casas de verano e invierno de Ajab). La referencia al marfil (un lujo de importación) señala nuevamente al estilo de vida de las clases altas. A este destino no escaparán las famosas vacas de Basán, quienes destilan opresión y violencia en lugar de leche. Basán era la parte más productiva de Transjordania, famosa por su grano y buen ganado, que bajo el reinado de Jeroboam llegó a estar bajo el control de Israel (2 R 14.25). El grupo social a que se refiere Amós incluye probablemente las esposas de los oficiales de la corte, grandes terratenientes y mercaderes. Sus demandas contribuyen directamente al quebrantamiento de los menesterosos. Su estilo de vida ha sido reproducido fielmente en la historia de nuestro continente por innumerables monarcas, líderes políticos y religiosos, que han sabido amasar fortunas con los mismos medios que nuestras vacas de Basán. ¿Dónde están tus profetas, Oh Señor?

4.4–13 *¡Pero no volvisteis a mí!*

A diferencia del pasaje anterior, esta sección se dirige colectivamente a todo Israel. Todo el pueblo pagará las consecuencias del extravío de sus líderes. Aquí es Dios quien habla en primera persona presentando una lista de castigos, de desastres naturales y militares, cuya intención es hacer retornar al pueblo a la comunión con Dios. El texto comienza de una manera sarcástica, con un llamado a la adoración que cumple ciertamente con la religión establecida. Sacrificios, diezmos, holocaustos, pan leudado, eso es lo que agrada a los que no entienden a Dios. La reconciliación con Dios buscada por medio de los sacrificios no es parte del mensaje de los profetas. No se necesita derramamiento de sangre para reconciliarse con Dios. En medio de este buscar a Dios erróneamente, Dios busca la conversión de su pueblo. Mas a pesar de las pestes, sequías, guerras, el estribillo nos recuerda: «¡Pero no volvisteis a mí! Dios entonces se manifestará» (vs. 12–13) y enfrentará a su pueblo con su poder. «Ciertamente el que forma los montes y crea el viento, el que anuncia al hombre su pensamiento, hace de las tinieblas mañana y pasa sobre las alturas de la tierra: Jehová, Dios de los ejércitos, es su nombre» (Am 4.13).

5.1–17 *Lamento por la destrucción de Israel*

Este pasaje señala un nuevo comienzo y constituye en sí mismo una unidad. La Biblia Hebrea nos ofrece lamentos de características similares (Cp. Ez 19.1–14; Jer 9.16–23; Is 14.4–21). En este caso, este tipo de canción fúnebre se ha adaptado al propósito de declarar el juicio y la condena de Israel. Sus componentes son los siguientes. En primer lugar (5.1) el profeta (o Dios mismo) llama al pueblo a prestar atención al lamento; a continuación se describe la tragedia (5.2–3); luego se produce un llamado a buscar a Dios (5.4–6). Seguidamente, por medio del primero de tres «¡Ay!» (5.7–17), se establecen los crímenes que asolan a Israel. En el núcleo de este «¡Ay!» se describen las causas de la desgracias. Analicemos entonces con un poco más de detalle los vs. 7–13.

Amós presenta en primer lugar una acusación general que puede entenderse como la consecuencia lógica de los detalles que se enunciarán a continuación.«¡Ay de los que convierten en ajenjo el juicio y echan por tierra la justicia!» (5.7). Nuevamente se presentan en paralelo los dos aspectos esenciales de la justicia: la justicia legal (Hebreo *mishpat*) y la justicia social (Hebreo *tzedaqah*). Los líderes han convertido lo que debía ser agradable en algo amargo. Lo que debía mantenerse en alta estima es arrojado al piso como algo sin valor. Los valores fundantes de la sociedad han sido dejados de lado. En esta secuencia los vs. 8–9 parecen sacados de contexto, ya que la continuación natural del vs. 7 es el vs.10 (la Biblia del Peregrino los coloca a continuación del vs. 17). El himno de los vs. 8–9 declara la soberanía divina sobre la creación y proclama que el Dios soberano traerá la destrucción sobre la capital, la ciudad fortificada. El vs. 10 y el 11a retoman la acusación y nos aclaran la naturaleza específica del pecado descrito en el vs. 7. El vs. 10 especifica el desprecio de los poderosos de Samaria hacia el sistema judicial. Las puertas de la ciudad eran el lugar donde los procedimientos legales de carácter público se efectuaban. Los que actúan rectamente allí son despreciados. El vs. 11a arroja luz sobre el pecado de injusticia social. «Humillar al pobre» en la RVR sería mejor traducido por «imponer tributo al pobre», lo que queda claro luego de la aclaración subsiguiente: «y recibís de él carga de trigo». Se trata de impuestos que los menesterosos no pueden afrontar y que traen como consecuencia la expropiación de las tierras de los pequeños propietarios. La forma en que los estados distribuyen la carga impositiva sobre la población representa una de las herramientas naturales de distribución de la riqueza y del justo reparto de la carga pública. La terrible desigualdad social reinante en países donde la riqueza abunda tiene su fundamento en un sistema impositivo que sigue siendo culpable de las injusticias descritas en este texto. En tanto las democracias europeas pueden, en su mayoría, proveer de acceso gratuito a la educación y a la salud a toda la población debido a una distribución más justa de la carga impositiva, otros países de nuestro hemisferio, en cambio, ofrecen privilegios impositivos a las grandes corporaciones y a individuos adinerados, quitándole al estado recursos esenciales para la asistencia a los menos privilegiados.

Las consecuencias de tales políticas no se dejan esperar. El vs. 11b proclama que los que adquieren sus fortunas y privilegios por medio del sufrimiento de los menesterosos no disfrutarán de ellos. El vs. 12 retoma la retórica acusatoria volviendo al ámbito del sistema judicial. La Biblia del Peregrino traduce: «Sé bien vuestros muchos crímenes e innumerables pecados, estrujáis al inocente, aceptáis sobornos, atropelláis a los pobres en el tribunal» (5.12). ¡Tan necesario era, y es, tener un sistema judicial que no favorezca a los poderosos!

Luego de estas acusaciones tan serias, se produce un nuevo llamado a la conversión. Esta conversión no se queda en un acto interior, en meros sentimentalismos, o en buenas intenciones. Se requiere un cambio radical de conducta y corregir las injusticias. Se trata de rechazar el mal, obrar y optar por hacer el bien (5.15). Los verbos «amar» y «odiar» tienen el sentido de «elegir» y «rechazar» en la Biblia Hebrea. No se trata de sentimientos o pensamientos, sino de actos específicos. En este contexto se demanda «instalar en el tribunal la justicia» (5.15a; BP). Esta es la única posibilidad para que Dios se apiade del resto de José (5.15b). La sección concluye con un llamado al luto (vs. 15–17), al llanto por el inminente juicio de Dios que se avecina.

El segundo «¡Ay!» se extiende del 5.18 al 27. El profeta describe de qué manera tan errónea se busca a Dios por medio de las fiestas, liturgias, sacrificios y ofrendas. Esta gente ansía el «día del Señor» sin saber que ese día será para ellos un día de oscuridad y no de luz. Dios declara explícitamente que rechaza toda esta parafernalia religiosa a la que tanto estamos acostumbrados y en la que centramos la vida de fe de nuestras comunidades. ¿Acaso se habían ofrecido sacrificios y ofrendas durante la marcha por el desierto hacia la tierra prometida? ¡Ciertamente que no! Dios no sólo no los recibe, sino que los detesta. Muchos intérpretes quieren salvar la religiosidad y el sistema sacrificial aclarando que el problema en realidad residía en la falta de ética de quienes presentaban los sacrificios y participaban de las liturgias sagradas. Aducen que en realidad Dios no descarta el sistema sacrificial y litúrgico sino solamente cuando no lleva consigo la actitud correcta del corazón. Lamentablemente para tales intérpretes eso no es lo que dice este texto. Dios rechaza radicalmente el sistema sacrificial. Lo que Dios quiere en cambio, es que «corra el juicio como las aguas y la justicia como arroyo impetuoso» (5.24) o, como sería mejor traducir, «que fluya como el agua la justicia legal y como arroyo impetuoso la justicia social». Tan sencillo y a la vez tan difícil. El mensaje del profeta es tan simple que resulta escandaloso. ¿Qué hacemos, Señor, con nuestra religión organizada? ¿Con nuestra cultura sacramental? Amós nos desafía con un mensaje radical. Dios nos llama a la conversión.

El tercer «¡Ay!» se presenta en 6.1–14. Retomando lo expresado en 3.9–11, nuevamente la acusación se dirige a los ricos y a las clases dirigentes de las capitales, Samaria y Jerusalén. Su arrogancia será castigada. Calne y Hamat (6.2) eran importantes centros comerciales en Siria que habían sido capturados por el monarca asirio Tiglat-pileser III en su campaña del año 738 a.C. Estos sitios se mencionan para evidenciar que aún en su prosperidad fueron destruidos, y que lo mismo le espera a Samaria. Los vs. 4–6 describen el estilo de vida de esta gente. Duermen en camas lujosas, se sacian con manjares exquisitos, beben de los mejores vinos en cristalería fina, y se ungen con perfumes preciosos. Dedican su tiempo libre a canturrear al son del arpa o a inventar nuevos instrumentos musicales. Su indiferencia e insensibilidad frente al dolor del pueblo será castigada. Estos encabezarán la marcha de los cautivos. Sus casas lujosas y mansiones serán destruidas. El vs. 12b vuelve a repetir la acusación del vs. 7 del capítulo anterior: los poderosos han convertido la justicia legal en veneno y la justicia social en ajenjo. La vanidad de la elite será castigada.

7.1–9.6 *Visiones de Amós y reacción de la casa real*
Esta sección consta de cinco visiones y el registro de la reacción
oficial a una de ellas. Las primeras cuatro tienen una estructura
similar mientras que la quinta está compuesta de una manera
distinta y se sitúa a continuación de una colección de oráculos de
juicio.

7.1–3 Primera visión (Langostas)
    a. Dios revela la visión.
    b. Amós ve e intercede.
    c. Dios responde,
      suspende el castigo.

Las langostas aparecen en el período más vulnerable de la cosecha,
«cuando comenzaba a crecer el heno tardío, el heno tardío que viene
después de las siegas del rey» (7.1). Así las langostas completan la
destrucción de lo que le quedaba al pueblo luego de que el rey
cobrara su impuesto. Ante esta visión que condenaría al hambre a
todo el pueblo, Amós intercede, y logra que Dios se compadezca y
no ejecute la visión.

7.4–6 Segunda visión (Fuego)
    a. Dios revela la visión.
    b. Amós ve e intercede.
    c. Dios responde,
      suspende el castigo.

Pero si bien Dios se retracta de enviar la plaga de langostas, parece
que el castigo que describe esta visión es mucho más violento y
terrible. Amós intercede nuevamente y Dios se retracta de lo que
planeaba.

7.7–9 Tercera visión (Estaño)
    a. Dios revela la visión.
    b. Dios interroga a Amós.
    c. Amós responde.
    d. Dios explica la visión.

En la tercera y cuarta visión (7.7–9 y 8.1–3) Dios no le muestra a
Amós el castigo que se avecina, sino que le hace ver un objeto que
luego representa la clave para la interpretación de la visión. Si bien
la traducción tradicional de la tercera visión (7.7–9), siguiendo a
los comentaristas judíos medievales, traduce el hebreo 'anak por

«plomada de albañil», el hebreo es realmente oscuro en este punto. El significado del hebreo *'anak* es «estaño», y si asumimos que Amós está utilizando un juego de palabras similar al de la visión siguiente (8.1–3), la otra ocurrencia de *'anak* puede traducirse, siguiendo el Tárgum Babilónico Baba Metsia 59a, por «luto, degracia». Por lo tanto la visión debería traducirse: «Me mostró también esto: El Señor estaba sobre un muro hecho de estaño, y en su mano tenía una trozo de estaño. Jehová entonces me preguntó: "¿Qué ves, Amós?" Yo respondí: "Un trozo de estaño". Y el Señor dijo: "Yo pongo desgracia en medio de mi pueblo Israel; no los toleraré más"» (7.1–8).

7.10–17 Sacerdote contra profeta	a. Amasías informa al rey.
	b. Ultimátum de Amasías.
	c. Respuesta de Amós.

Las visiones de Amós se interrumpen para relatar la acusación que el sacerdote Amasías hace contra Amós. La acusación es muy seria: Amós está conspirando contra el rey. El lenguaje utilizado recuerda las revueltas que terminaron con cambios dinásticos en el Reino del Norte (1 R 15.27; 16.9; 2 R 10.9; 15.10). Ese crimen conlleva ciertamente la pena de muerte, y la acusación tiene el claro propósito de amedrentar a Amós. Amasías tiene la esperanza de capitalizar este temor y le ordena a Amós que se retire al desierto y que no vuelva a aparecer por Betel, el santuario nacional, de esta manera evitando el castigo mayor que se avecinaría sobre el profeta. La intimidación y el asesinato son recursos habituales contra el ministerio profético. Profetas de nuestro continente como el padre Carlos Mugica, asesinado 11 de mayo de 1974 por las fuerzas armadas argentinas por su compromiso con los pobres; como Elisabeth Käsemann, hija del conocido profesor de Nuevo Testamento Ernst Käsemann asesinada el 24 de mayo de 1977 por las fuerzas armadas argentinas por su trabajo entre los pobres; como el Obispo Enrique Angelelli, asesinado el 4 de agosto de 1976 por las fuerzas armadas argentinas por sus denuncias a violaciones a los derechos humanos; como el Arzobispo

Oscar Arnulfo Romero, asesinado el 24 de marzo de 1980 por paramilitares salvadoreños por su denuncias contra la represión del gobierno; como Ignacio Ellacuría S.J., asesinado junto a otros cinco sacerdotes jesuitas, un laico y dos laicas el 16 de noviembre de 1989 por paramilitares salvadoreños por su compromiso con los oprimidos. Nuestro continente sangra la sangre de miles de nuestros hermanos y hermanas que osaron obedecer el llamado de Dios a denunciar las injusticias y la opresión que sufre nuestro pueblo. Nuestros hermanas y hermanos sufrieron, como Amós, la condena y amenazas de la religión oficial. Mas el profeta no se amilana frente al sacerdote; luego de dar testimonio de su vocación divina, reafirma el mensaje profético que Dios le ha encomendado para Israel, añadiendo además un juicio sobre el sacerdote Amasías mismo.

8.1–3 Cuarta visión (Higos maduros)	a. Dios revela la visión.
	b. Dios interroga a Amós.
	c. Amós responde.
	d. Dios explica la visión.

La cuarta visión sigue el formato de la tercera. El profeta utiliza un juego de palabras basado en el sonido de dos palabras hebreas: *qayitz*, «verano», utilizada también para describir las frutas de esa estación (2 S 16.1–2; Jer 40.10; Miq 7.1), y *qetz* «erradicar», que se utiliza para denotar el fin de la vida (Job 6.11; Sal 39.4) y en algunos casos para denotar la extinción de un pueblo (Gn 6.13; Jer 51.13; Ez 7.2–3). De igual manera que en la tercera visión, se trata de interpretar el objeto presentado por Dios. Dios explica a Amós que Israel está maduro, maduro para el castigo. Esta vez, Dios no se retractará. El vs. 3 nos aclara y especifica lo que podría entenderse, de acuerdo a la visión anterior, como un juicio contra todo el pueblo de Israel. No es así. Es en el palacio donde se escuchará el gemido de las cantoras por los cadáveres que se ven por doquier. Es allí donde golpeará la mano de Dios.

8.4–14 *Oráculos de juicio contra los opresores*

Este oráculo nos da más información sobre el juicio declarado en la visión anterior. Amós nos detalla los medios por los cuales los mercaderes engañan a los campesinos. Su codicia los lleva a no santificar el Shabat y la fiesta del novilunio (cp. Nm 10.10; 28.11–15; 1 S 20.5). El pasaje señala la utilización de dos juegos de pesas, uno más liviano para comprar y otro más pesado para vender. ¡El Señor ha declarado lo que es justo!: «No tendrás en tu bolsa una pesa grande y otra pesa chica, ni tendrás en tu casa un efa grande y otro efa pequeño. Una pesa exacta y justa tendrás; un efa cabal y justo tendrás, para que tus días sean prolongados sobre la tierra que Jehová, tu Dios, te da» (Dt 25.13–15). «Balanzas justas, pesas justas y medidas justas tendréis. Yo soy Jehová, vuestro Dios, que os saqué de la tierra de Egipto» (Lv 19.36; ver también Pr 11.1; 16.11; 20.10; 20.23). El vender los deshechos del trigo refleja la práctica de adulterar el trigo. En todas estas transacciones son los campesinos pobres las víctimas. Pero Dios no olvidará. A Dios no se le escapan las practicas engañosas de comerciantes contemporáneos que se aprovechan de los pobres: prestamistas que abusan de la necesidad de los más desfavorecidos ofreciendo adelantos de salario a intereses altísimos, empresas de tarjetas de crédito que depredan sobre los más humildes. Dios no se olvidará jamás. ¿Va a quedarse Dios impasible frente a tanta injusticia? «Aquel día ... » comienza el oráculo de juicio (8.9). Esta expresión se utiliza para anunciar eventos que se avecinan, pero sin determinar su momento preciso. El juicio apunta nuevamente al estilo de vida de las clases altas: las fiestas, cantares y lujosos vestidos se convertirán en lloro, lamentaciones y tela áspera. Dios ha decretado el juicio contra los opresores. Dios se esconde. Oscuridad y lamento esperan a los que han abusado del pueblo de Dios. Sus bellas muchachas y sus jóvenes atractivos desfallecerán.

9.1–10 *Quinta visión (Destrucción y aniquilación)*

Este pasaje está compuesto de tres unidades. 9.1–4 comienza describiendo la destrucción del santuario. Los capiteles eran elementos estructurales tanto de apoyo como decorativos en los templos de esa época. Lo que se implica en 9.1a es la destrucción completa del templo. Recordemos las palabras de Jeremías 7.11: «¿Es cueva de ladrones delante de vuestros ojos esta Casa, sobre la cual es invocado mi nombre?» Los que sobrevivan al colapso del templo serán de todas maneras exterminados. Los mercaderes que engañaban y explotaban al pueblo no tendrán dónde escapar. Los vs. 5–6 son un himno añadido a los vs. 1–4 para reafirmar el poder soberano de Dios. Los vs. 7–10 traen a colación la memoria histórica del éxodo de Egipto. Amós relativiza el falso orgullo de Israel, Dios no sólo ha actuado a favor de Israel en la historia. Dios es un Dios que provoca éxodos, procesos de liberación también en otros pueblos. Pero Dios es también un Dios al que hay que rendirle cuentas. Los juicios contra Aram (1.3–5), Filistea (1.6–8) e Israel (2.6–8, 14–16) descritos en los capítulos 1 y 2 tienen aquí su fundamento. Dios ha actuado en su historia y por lo tanto Dios tiene derecho a juzgarlas. En el caso de Israel, el pueblo de Dios será zarandeado y los pecadores (mercaderes, opresores etc.) serán exterminados.

9.11–15 *Oráculo de bendición y restauración*

Se discute entre los estudiosos de la Biblia si estos oráculos pertenecen realmente al profeta Amós o son adiciones exílicas. La esperanza que anuncia el libro es que el tabernáculo de David será restaurado y se reafirmará el dominio sobre Edom (vs. 11–12). A continuación se anuncia abundancia agrícola (vs. 13) y se concluye con el retorno del exilio y el fin de la explotación: el que cultive la viña beberá del vino, el que cultive huertos comerá de su fruto.

4. Visión de conjunto

Amós reivindica el carácter moral de Dios, enfatizando que lo esencial para Dios es la justicia. El profeta ha sido uno de los más elocuentes heraldos de las demandas divinas para con su pueblo. Dios es, esencialmente, un Dios de justicia. Amós no pretende elaborar un tratado sobre los atributos de Dios, o sorprendernos con complicadas construcciones filosóficas, sino más bien despertar nuestras conciencias a la demanda radical del Dios de Israel: justicia en todo los ámbitos de la realidad: «Pero que fluya como agua la justicia, y la honradez como un manantial inagotable» (Am 5.24; DHH). La gran tarea de Amós fue la de proclamar el rechazo de Dios al *status quo* vigente, el deprecio divino de toda situación de opresión, y proponer una reforma radical de la dinámica social. La justicia social debe ser la base fundamental de toda sociedad. Esto es parte esencial del carácter moral de Dios. La predicación de Amós permanece hasta hoy como ejemplo cristalino de fidelidad y compromiso con el verdadero Dios; con el Dios que no acepta que un ser humano se aproveche de otro, que no acepta que el poderoso tome ventaja de los menos favorecidos, que rechaza una sociedad que hace de la injusticia una práctica diaria, que desprecia a las clases dirigentes que en vez de luchar a favor de los menesterosos, hacen alianzas con quienes los oprimen.

El profeta también nos enseña que la adoración, para ser considerada válida y auténtica de parte de Dios, no puede estar acompañada de la práctica de la injusticia: «¡Alejen de mí el ruido de sus cantos! ¡No quiero oír el sonido de sus arpas!» (Am 5.23; DHH). Tales palabras son un llamado de atención permanente a todas las generaciones de creyentes que desean entender cómo adorar al Dios de Israel. La historia de la iglesia muestra demasiados ejemplos de alianzas y contubernios con los opresores. Hemos sido testigos en América Latina de cómo los Sumos Pontífices celebraban y bendecían a asesinos como los generales Augusto Pinochet (dictador de Chile, 1973–1990) o Jorge Rafael Videla (dictador de Argentina, 1976–1981). Las iglesias de sur de los Estados Unidos, con la excepción de la Society of Friends, sancionaron y defendieron la esclavitud y opresión de miles de afro-americanos por más de dos siglos ¿Eran sus cultos aceptables a Dios? Las palabras de Dios a través de Amós resuenan desde los confines del pasado para recordarnos: «Odio y desprecio las fiestas religiosas que ustedes celebran; me disgustan sus reuniones solemnes» (Am 5.21; DHH). La elección de Israel conlleva responsabilidades: «Sólo a ustedes he escogido de entre todos los pueblos de la tierra. Por eso habré de pedirles cuentas de todas las maldades que han cometido» (Am 3.2; DHH).

Finalmente, el libro de Amós interpreta las desgracias de su pueblo como llamados a la conversión de parte de Dios: «Yo hice que ustedes pasaran hambre en todas sus ciudades; yo hice que les faltara comida en todos sus poblados, ¡pero ustedes no se volvieron a mí! El Señor lo afirma» (Am 4.6; DHH). Cada tragedia es una oportunidad para volver a Dios. Y es que cuando el liderazgo se siente poderoso e invulnerable adquiere una sensación falsa de seguridad que le lleva a pensar que no necesita a Dios. Oseas criticará esta arrogancia en Israel. Amós trata de demostrar que Dios actúa en la historia y que aún lo que se puede entender como una tragedia nacional se inserta dentro del plan divino de recuperar la relación original con Israel.

D. Abdías

1. El profeta y su contexto

La tradición bíblica pre-crítica identificó a Abdías (Hebreo *'ovadya* «siervo de Dios») con el Abdías mencionado en 1 Reyes 18, un oficial de Ajab que ayudó a ocultar a cien profetas de Yavé salvándoles la vida. Sin embargo, ya los comentaristas judíos medievales Ibn Ezra (1089–1164) y Kimhi (1160–1235) consideraban que no había suficiente evidencia para sostener tal identificación. Aquella postura ya se ha abandonado en círculos académicos, lo que no implica que se haya llegado a un consenso acerca de la fecha del libro. Se han sugerido fechas que oscilan entre 845 a.C. y el período exílico. Es posible asumir que el libro de Abdías sufrió un proceso redaccional similar al resto de la literatura profética. Nos encontraríamos entonces con un primer Abdías (1–14) y un segundo, o Deutero-Abdías (15a, 16–21). La primera parte del libro, sugerimos, puede colocarse poco tiempo después del 587 a.C., mientras que la segunda parte pertenece a una época más tardía, a finales del período persa o inclusive comienzos del período helenista. El libro del profeta Abdías nos presenta, aún en su brevedad (21 versículos), varios de los temas más importantes de la tradición profética de Israel: la posesión de la tierra, el juicio de Dios contra los enemigos de la nación, el reinado de Yavé. La brevedad de su extensión, sin embargo, no implica facilidad para su comprensión. Ya declaraba San Jerónimo, «*quanto brevius est, tanto difficilius*», «es tan breve como difícil». Los problemas a que se enfrentan los exegetas de esta obra se pueden enumerar de la siguiente manera: división de la obra; fecha de composición; relación con Jeremías 49; el sentido de los términos «Casa de Jacob» y «Casa de José» (vv.17–18); la explicación de la postura anti-edomita del libro, caracterizando a Edom de «enemigo de Dios»; el sentido de los oráculos contra las naciones extranjeras; el Día de Yavé; el concepto de justicia divina y de Dios como Señor del universo; el reino futuro de Dios y el papel de Sión en él.

2. Estructura del libro

El libro comienza con el anuncio de una coalición de pueblos que marchan a la batalla contra Edom (1b–c). Se describe su inminente destrucción (4b) utilizando el motivo de la inversión de destinos (Lc 1.51–53) que aguarda a los arrogantes y poderosos. Pero el verdadero motivo detrás del castigo se revela recién en el vs. 10: «Por haber maltratado a tu hermano Jacob te cubrirá vergüenza y serás exterminado para siempre». El libro finaliza con un mensaje de esperanza para Israel. Quedará un remanente en Sión que recuperará sus posesiones y será el día de la retribución: Edom se consumirá, no habrá sobrevivientes (vs. 18) y Yavé establecerá su reino nuevamente (vs. 21).

El libro puede bosquejarse como sigue:

Título: Visión de Abdías	1a
Anuncio de la invasión y colapso de Edom	1b–7
Destrucción de Edom	8–10
Contra el oportunismo de Edom	11–14, 15b
Restauración de Israel (Deutero-Abdías)	15a–16–21
El Día del Señor	15–16
La restauración de Israel	17

3. Análisis de textos claves

1a *Título: Visión de Abdías*
Llama la atención lo sucinto del título. No hay referencias biográficas ni a reyes. El libro no nos presenta una serie de visiones como es el caso de Zacarías, sino más bien podemos asumir que la palabra «visión» ya se había hecho sinónimo de «profecía» y de «oráculo».

1b–7 *Anuncio de la invasión y colapso de Edom*
La declaración de guerra y el saqueo se justifica por el crimen de Edom descrito en 11–14. Edom será convertida en la nación más pequeña y despreciable. Su confianza en su privilegiada posición estratégica será defraudada.

8–10 *Destrucción de Edom*
El castigo a Edom se ilustra con el exterminio de su clase ilustrada, los sabios y prudentes, los que tienen alguna habilidad, y con el desbande y exterminio de los soldados. Es decir, con la destrucción de su poder ideológico y militar. Esaú será avergonzado por su pecado contra su hermano Jacob.

12–14 *Contra el oportunismo de Edom*
La condena a Edom es realmente fuerte en Abdías. «Del árbol caído todos hacen leña» dice el proverbio, y es precisamente lo que ha hecho Edom: se ha aprovechado de la desgracia de Judá y de la caída de Jerusalén. «No debiste haber entrado por la puerta de mi pueblo en el día de su quebrantamiento; no, no debiste alegrarte de su mal en el día de su quebranto, ni haber echado mano a sus bienes en el día de su calamidad» (Abd 1.13). Edom no sólo se ha mofado de la desgracia ajena sino que ha participado activamente en el pillaje y destrucción de Jerusalén y en el asedio de los sobrevivientes (vs. 14).

15–16 *El día del Señor (cf. Jl 3.14)*
Este oráculo pertenece a la sección que denominamos Deutero-Abdías, y pertenece a un editor posterior de la época posexílica. La justicia divina no se olvidará de los crímenes de Edom, «Porque

cercano está el día de Jehová sobre todas las naciones. Como tú hiciste se hará contigo; tu recompensa volverá sobre tu cabeza» (Abd 1.15). El día del Señor no es un evento escatológico más allá de la historia sino que es el día de la manifestación efectiva de la justicia divina, el día en que la desgracia que han sufrido las víctimas caerá sobre los victimarios.

17 La restauración de Israel (cf. Jl 3.19)

La justicia divina no se agota en el castigo de los opresores, sino que también conlleva la restauración de los oprimidos. En este caso, Edom sufrirá las consecuencias de sus actos e Israel será restaurado en su territorio: «Mas en el monte Sión habrá un resto que se salvará; será santo y la casa de Jacob recuperará sus posesiones» (Abd 1.17).

4. Visión de conjunto

En su forma canónica final, Abdías nos presenta el «día del Señor» como la instancia final que traerá justicia a los que han sufrido y castigo a los perpetradores. Todas las naciones (vs. 15a) deberán comparecer ante Dios y recibir el pago correspondiente por sus acciones (vs. 15b). Cada una de ellas recibirá el mal que ha ejercido contra otros. En el caso específico de Edom, su destino será el ser destruido completamente a manos, precisamente, de sus víctimas. Los pecados de Esaú (Edom) contra Jacob (Judá) son más horrorosos por tratarse de su hermano (ver Gn 25.30; 36.8; Nm 20.14; Dt 2.4, 8). Edom no sólo participa del saqueo de Jerusalén (vs. 11) echando mano a sus riquezas, sino que mata a los fugitivos y vende a los sobrevivientes (vs. 14). Los pecados de Edom se asemejan a algunos de los pecados denunciados por Amós en sus oráculos contra las naciones extranjeras (Amós 1–2).

En el Deutero-Abdías, a los exilados y sobrevivientes les aguarda un nuevo comienzo a partir de la recuperación de la tierra prometida por Dios a su pueblo Israel.

E. Jonás

El libro de Jonás es quizás uno de los más populares de la Biblia Hebrea, ocupando un lugar de privilegio en la imaginación popular. Jonás ocupa el quinto lugar en la Biblia Hebrea en el Libro de los Doce y su función canónica, luego de los oráculos contra Edom de Abdías, es demostrar que Dios no sólo ejercita la ira contra las naciones vecinas, sino también la misericordia. El libro del profeta Jonás ha sido caracterizado como una fábula, novela didáctica, leyenda profética, parábola, e inclusive como un tipo de sátira profética. El consenso entre los especialistas es ciertamente que no nos encontramos aquí con un relato histórico, si bien se han realizado algunos intentos racionalistas de entender este relato de esa manera interpretando, por ejemplo, el pez que se traga a Jonás como un gran barco de nombre «Gran Pez», o aduciendo que todo el relato es en realidad un sueño del profeta. Estos intentos parten de un entendimiento hoy superado de la literatura bíblica y de la función de la ficción literaria para la comunidad de fe. Jonás debe ser leído no como historia sino como un relato didáctico que intenta transmitir un mensaje específico a su comunidad de fe contemporánea. Más allá de la enseñanza obvia de que Dios es un Dios misericordioso que busca la conversión antes de ejecutar el castigo, el mensaje de este libro ha sido objeto de intenso debate. ¿Trata Jonás de mostrar la preocupación de Dios por los gentiles extendiendo el mensaje de salvación a quienes no forman parte del pueblo elegido? ¿Se centra el libro, por otro lado, en el problema de la profecía incumplida o condicional y en la problemática del llamado profético? La solución tal vez se encuentre no en buscar una interpretación monolítica del texto, sino en hacer justicia a sus diferentes sentidos y riqueza semántica.

1. El libro y su contexto.

Jonás, hijo de Amitai y originario de Gat-hefer, es uno de los profetas mencionados en el libro de los Reyes. Su actividad profética se ubica durante el reinado de Jeroboam II (2 R 14.25), quien gobernó en Israel desde el 786 hasta el 746 a.C. Si bien otros libros proféticos incluyen datos personales (Os 1–3; Am 7.10–15; Jer 1.25–29; 36–38), Jonás es en gran medida puramente autobiográfico y con un solo versículo que podríamos calificar de discurso profético (3.4). Como ya adelantamos, sin embargo, el libro de Jonás es una obra de ficción literaria escrita mucho tiempo después del tiempo del profeta. La época de composición del libro de Jonás puede deducirse por algunas características lingüísticas (influencia aramea en el vocabulario y la sintaxis) y el conocimiento aparente del autor de los libros de Sirac (49.10) y de Tobit (14.4, 8). En general, el consenso de los especialistas es colocar el libro entre los siglos VI y IV a.C. La función del libro puede entonces deducirse a partir de los desafíos que enfrenta la comunidad judía luego de la destrucción de Jerusalén y la experiencia del exilio. La persona histórica del profeta es sin embargo significativa a la hora de entender el mensaje del libro de Jonás. Los lectores de esta obra sabrían que el Jonás de 2 Reyes había anunciado la restauración de los límites de Israel «desde la entrada de Hamat hasta el mar del Arabá» (2 R 14.25). Además, según el modo en que se entendía la función profética en esa época posterior, el profeta también debiera haber sabido que Dios iba a destruir a Samaria por medio de los asirios sesenta años más tarde, en el 722 a.C. Es decir, Jonás es un profeta que se ve obligado a anunciar algo (la prosperidad de

Israel, la destrucción de Nínive) aparentemente sabiendo que Dios va a cambiar de parecer y hacer algo distinto. También es importante entender que Nínive, que se convertirá en capital de Asiria, llegó a ser famosa por sus políticas sanguinarias y opresivas. Como capital del imperio neo-asirio desde la época de Senaquerib (704–681 a.C) hasta su destrucción a manos de Babilonia en el 612 a.C., Nínive simbolizaba la opresión y maldad por excelencia. Si Dios es capaz de perdonar a Nínive cuando hay genuino arrepentimiento, ¡cómo no va a perdonar Dios a su propio pueblo si éste se arrepiente!

2. Estructura del libro

El libro de Jonás se puede dividir en las siguientes secciones:

Jonás intenta escapar de Dios	1.1–2.11
El mandato divino y la respuesta del profeta	1.1–3
La tormenta, los marineros y Jonás	1.4–16
La oración de Jonás en el vientre del pez	2.1–11
La bondad de Dios	3.1–10
El mandato divino y la respuesta del profeta	3.1–4
La respuesta a la predicación de Jonás en Nínive	3.5–10
Dios reafirma su derecho a ser bondadoso	4.1–11
Reacción de Jonás	4.1–5
Reacción de Dios	4.6–11

3. Análisis de textos claves

1.1–3 *El mandato divino y la respuesta del profeta*

Estos tres versículos nos relatan una reacción única en la Biblia Hebrea de parte de un profeta. Dios ordena a Jonás ir a Nínive a proclamar su maldad; Jonás toma un barco para huir a Tarsis (la dirección opuesta a Nínive). Jonás no dialoga con Dios; no cuestiona su mandato; no responde siquiera al llamado divino. A diferencia de otros profetas que entablan un combate verbal con la divinidad tratando de convencer a Dios que no son las personas adecuadas para la misión, Jonás no pronuncia palabra: se embarca para huir del Señor. Ya desde el inicio vemos entonces la peculiaridad del libro de Jonás. En hebreo se enfatiza este alejamiento con el uso reiterado del verbo *yarad* «descender»: Jonás desciende a Jope (1.3), desciende a la nave (1.3 no reflejado en la RVR), y luego desciende al interior de la nave (1.5). En su oración a Dios, Jonás utilizará también este verbo para describir su descenso hasta los cimientos de los montes (2.6).

1.4–16 *La tormenta, los marineros y Jonás*

En esta nueva escena, el relato se mueve de una situación donde comienza una tormenta, los marineros echan sus enseres por la borda para mantener la nave a flote, y luego, atemorizados claman a sus dioses (1.4–6), a una situación opuesta donde la tormenta se calma, es Jonás quien es echado al mar, los marineros tienen temor pero no de sus dioses sino de Yavé y es a Él a quien claman. El centro es la confesión de Jonás (1.9): «Soy hebreo y temo a Jehová, Dios de los cielos, que hizo el mar y la tierra». Es probablemente esta confesión de Jonás la que representa el mensaje central que el autor de esta obra quiso transmitir a su generación. Lo interesante de esta escena es que la huida de Jonás produce, a pesar de todo, «frutos de arrepentimiento» (Mt 3.8) en los marineros, quienes reconocen la soberanía del Dios hebreo y le hacen votos ¡luego que han tenido que arrojar a Jonás por la borda! La actitud de Jonás no debe entenderse como una muestra de sacrificio personal desinteresado por el bien de otros. Más bien demuestra la terquedad de Jonás en desobedecer el mandato divino. La tormenta que envía Dios no es más que un nuevo intento de la divinidad de llamar a cuentas a Jonás para que cumpla su misión. En vez de actuar como profeta, clamando a Dios para que calme la tormenta, Jonás muestra su obstinación sin límites. ¡El profeta prefiere ser echado por la borda antes que dirigirle la palabra al Dios que lo ha querido enviar a Nínive! ¿Será éste un nuevo intento del profeta de escapar de Dios y seguir su viaje a nado?

2.1–11 *La oración de Jonás en el vientre del pez*

Luego que es arrojado al mar por los marineros, Jonás se da cuenta que no hay esperanzas para su intento de escapar del Dios «que hizo el mar y la tierra» (1.9). Un gran pez lo espera y Jonás se ve de pronto en su oscuro vientre. La obstinación le durará a Jonás solamente tres días y tres noches más. El vs. 2.2 inicia una hermosa oración del profeta. La oración está estructurada en pares describiendo una situación negativa seguida de una posibilidad de rescate:

Situación negativa	Esperanza-rescate
(2.2) «Invoqué en mi angustia a Jehová,	y él me oyó
desde el seno del seol clamé, (2.3) Me	y mi voz oíste
echaste a lo profundo, en medio de	
los mares; me envolvió la corriente.	
Todas tus ondas y tus olas pasaron	
sobre mí. (2.4) Entonces dije:	
"Desechado soy de delante de tus ojos,	mas aún veré tu santo Templo".
(2.5) Las aguas me envolvieron hasta	
el alma, me cercó el abismo, el alga se	
enredó en mi cabeza. (2.6) Descendí a	
los cimientos de los montes. La tierra	
echó sus cerrojos sobre mí para	
siempre;	mas tú sacaste mi vida de la sepultura
Jehová, Dios mío. (2.7)	
Cuando mi alma desfallecía en mí,	me acordé de Jehová, y mi oración llegó hasta ti, hasta tu santo Templo.

(2.8) Los que siguen vanidades
ilusorias, su fidelidad abandonan.

(2.9) Mas yo, con voz
de alabanza, te
ofreceré sacrificios;
cumpliré lo que te
prometí. ¡La salvación
viene de Jehová!»

Se han presentado argumentos de peso para entender la oración de Jonás como una oración independiente compuesta en otro contexto y que fue añadida posteriormente al relato. Contrasta el carácter humilde del Jonás de 2.1–11 con el Jonás que nos presenta el resto del libro. Es realmente paradójico que la oración de Jonás acuse a «los que siguen verdades ilusorias» cuando son precisamente tales los que en la narrativa reconocen al Dios de Israel y le ofrecen sacrificios. El salmo de Jonás por otra parte, transmite un sentir muy similar al del Salmo 23. Aún en los momentos más difíciles, más desesperantes de nuestra existencia, Dios estará con el creyente. La salvación viene de Yavé.

3.1–4 *El mandato divino y la nueva respuesta del profeta*

El capítulo 3 señala un nuevo comienzo. Se repite el mandato divino de ir a Nínive y proclamar el mensaje divino en la gran ciudad. En la RVR, a diferencia del vs. 1.2, Dios no adelanta a Jonás qué tipo de mensaje éste ha de predicar. El vs. 1.2 especificaba «y clama contra ella, porque su maldad ha subido hasta mí». En la traducción de la RVR del vs. 3.2, Dios mantiene la incógnita y no le especifica a Jonás qué tipo de mensaje ha de recibir. Parece que Dios ha aprendido la lección de cómo lidiar con este profeta y decide no adelantarle el mensaje hasta el momento oportuno. Sin embargo es mejor traducir el versículo con el participio hebreo *dover* «hablar, decir» en presente y no en futuro como «proclama en ella el mensaje que yo te digo». Seguidamente Jonás actúa de acuerdo a la palabra de Yavé y anuncia el mensaje divino por las calles de Nínive. ¡Es entonces Jonás quien ha aprendido la lección!

3.5–10 *La respuesta a la predicación de Jonás en Nínive*

Sorpresivamente para el lector, la respuesta de la población de Nínive es inmediata. Tanto la gente importante como la más humilde creen el mensaje de Dios y proclaman ayuno. El rey procede de la misma manera y ratifica el ayuno nacional. La proclamación de rey: «clamen a Dios con fuerza. Que cada uno se convierta de su mal camino y de la violencia que hay en sus manos. ¡Quizá Dios se detenga y se arrepienta, se calme el ardor de su ira y no perezcamos!» es también parte esencial del mensaje del libro a sus contemporáneos. Yavé es un Dios que refrena el castigo frente al arrepentimiento genuino. Ante la adversidad y la inminencia del castigo divino, todavía hay esperanza cuando se acepta la soberanía divina.

4.1–5 *Reacción de Jonás*

Jonás ha transmitido el mensaje divino con fidelidad y éste ha producido los resultados que Dios deseaba. El pueblo ha creído al profeta. Sin embargo, Jonás no está contento. Su disgusto devela lo intrincado del corazón humano. Jonás está furioso en extremo y ora a Dios. Su frustración lo lleva a buscar una solución similar a la que había encontrado en su crisis frente a los marineros: le pide a Dios que le quite la vida. De igual manera que Elías en 1 Reyes 19.4, Jonás no ve otra solución que la muerte. La respuesta de Dios en el vs. 4 debería mejor traducirse «¿Te hace bien enojarte tanto?» en lugar de la RVR «¿Haces bien en enojarte tanto?» ya que Dios no busca criticar a Jonás sino más bien hacerle entender que su furia y enojo no le ayudarán a salir del pozo de depresión y frustración en que se encuentra. Jonás no responde, sino que se aleja de la presencia de Dios a la espera de que algo ocurra en Nínive.

4.6–11 *Reacción de Dios*

Dios no se vuelve a dirigir inmediatamente a Jonás. En cambio, primero dispone que una calabacera crezca sobre su cabeza para darle cobijo y luego, al día siguiente, provoca que la calabacera se seque. Las acciones de Dios manifiestan su dominio sobre toda la creación. El «Dios de los cielos, que hizo el mar y la tierra» (1.9) demuestra su señorío nuevamente. El viento que Dios envía no es otro que el *Hamsin*, un viento seco del desierto que en otros pasajes es una señal del poder divino (Cp. Ex 10.13; Is 11.15; Sal 48.7). Jonás está a punto de desfallecer y anhela la muerte. Nueva paradoja, pues es a este tipo de situaciones que se refería Jonás en el salmo del capítulo 2. Sin embargo la frustración y el enojo le han hecho perder completamente la perspectiva. Es aquí donde Dios inicia el diálogo con Jonás nuevamente. A la pregunta inocente de Dios, Jonás responde como quien ha perdido contacto con la realidad. ¡Está tan deprimido por la calabacera que desea morir! La moraleja que Dios comparte con Jonás trae al lector a la perspectiva divina. ¿No son miles de personas importantes para Dios? Jonás es capaz de mostrar lástima por una calabacera pero no por los miles de habitantes de Nínive. Este último versículo de Jonás cierra el mensaje que el autor ha tratado de transmitir en este relato didáctico. Dios es un Dios misericordioso.

4. Visión de conjunto

El libro de Jonás, a pesar de su brevedad y de su carácter novelesco, provee una interesante variedad de temas para la reflexión teológica. En primer lugar, la confesión de Jonás que Yavé es el «Dios de los cielos, que hizo el mar y la tierra» (1.9) proclama tanto la universalidad del Dios de Israel como su señorío sobre la creación. Esta declaración ilumina el resto del libro. El salmo de Jonás, con su mensaje de esperanza para las situaciones más desesperadas y su conclusión «¡La salvación viene de Jehová!» (2.9), reafirma el poder de Dios para intervenir en cualquier ámbito geográfico y actuar de manera salvífica. Recordemos que los dioses del Cercano Oriente antiguo tenías dos restricciones fundamentales: un ámbito geográfico donde ejercían su influencia (usualmente el país de origen donde se les adoraba), y un ámbito de la realidad donde ejercían su poder (la lluvia, las tormentas, la cosecha). El Dios de Israel demuestra que no está confinado por ninguno de esos límites.

La enseñanza, que frente al anuncio del castigo divino inminente es posible volver a Dios, se ejemplifica en la afirmación del rey de Nínive luego de haber declarado el ayuno: «Que cada uno se convierta de su mal camino y de la violencia que hay en sus manos. ¡Quizá Dios se detenga y se arrepienta, se calme el ardor de su ira y no perezcamos!» (3.9–10). La universalidad de la gracia de Dios es tal vez la lección central del libro de Jonás. Esto se ve en la oración final de Jonás a Dios «yo sabía que tú eres un Dios clemente y piadoso, tardo en enojarte y de gran misericordia, que te arrepientes del mal» (4.2) y en la respuesta final de Dios «y no tendré yo piedad de...» cláusula que dejamos abierta para mostrar que Dios tendrá piedad de quién sea que se arrepienta y vuelva a Él.

F. Miqueas

Miqueas es el último profeta del siglo VIII a.C. que nos ha dejado un registro de su prédica. El texto ofrece algunos problemas de interpretación originados, más que nada, en poder definir si todo el texto pertenece al profeta de Judá, o también incluye profecías de un profeta anónimo de Israel, el Reino del Norte. La unidad temática del texto se manifiesta en su preocupación central por el tema de la justicia. La forma canónica final de Miqueas refleja la influencia de los mismos círculos teológicos que le dieron forma final al libro de Isaías. Esto se evidencia en el uso de la fórmula «en aquel día» (Is 7.18ss; 22.8; Miq 4.6; 5.9; 7.12) como herramienta redaccional en ambos libros al agregar material más tardío; en el uso de la expresión «desde ahora y para siempre» (Is 9.6; 59.21; Miq 4.7); en el uso de la expresión «porque la boca de Yavé ha hablado» (Is 1.20; 40.5; 58.14; Miq 4.4); y, finalmente, en el uso de la expresión «Él (Yavé) reinará en su santo monte» (Is 23.23; Miq 4.7).

1. El profeta y su contexto

De acuerdo al título del libro (1.1), Miqueas ejerció su ministerio durante los reinados de Jotam (742–735 a.C.), Acaz (735–715 a.C.) y Ezequías (715 a.C.), reyes de Judá. Contemporáneo de Isaías,

Miqueas era originario de Moreset (1.1), una pequeña aldea a unos 35 Km. (21 millas) al SO de Jerusalén, una de las cuarenta y seis ciudades que Senaquerib proclama haber conquistado durante su invasión a Judá en el 701 a.C. Es probable que su presencia en Jerusalén se haya debido a la necesidad de huir de su ciudad natal ante el avance de los ejércitos asirios.

2. Estructura del libro

Título	1.1
Dios se manifiesta en juicio contra	
Samaria y Jerusalén.	1.2–16
Justificación del castigo: el pecado de	
las clases dirigentes.	2.1–3.12
Denuncia de los latifundistas	2.1–5
Debate con los falsos profetas	2.6–13
Los falsos profetas proclaman seguridad	2.6–7
Miqueas refuta las palabras de los	
falsos profetas	2.8–10
Un profeta digno de la mala gente	2.11–13
Denuncia de las autoridades	3.1–4
Debate con los falsos profetas	3.5–7
Denuncia de jueces, profetas y sacerdotes	3.8–12
La clase dirigente de Jerusalén es reemplazada	
por Dios: Reina la paz y seguridad.	4.1–13
Paz y justicia	4.1–5
«En aquel día, dice el Señor»	4.6–13
Dios instalará un nuevo rey, no de Jerusalén	
sino de Belén	5.1–15
Lo que requiere Dios: justicia, misericordia	
y humildad	6.1–16
Dos clases de dioses	6.1–8
La corrupción tiene sus consecuencias	6.9–16
El exterminio de los justos	7.1–6
Promesa de restauración	7.7–20

3. Análisis de textos claves

1.1 *Título*

El primer versículo del libro muestra la mano de un editor que proclama que la palabra de Miqueas viene, de hecho, de Dios. Esta es la manera natural de introducir el mensaje profético (ver Is 1.1 etc.).

1.2–16 *Dios se manifiesta en juicio contra Samaria y Jerusalén*

La denuncia profética comienza con una declaración de juicio a las ciudades capitales de Israel y Judá. Esto se ha interpretado tradicionalmente como una señal de juicio contra toda la población. Sin embargo, resulta claro luego de la lectura del texto de Miqueas, que no es toda la población la que está siendo criticada, sino la elite gobernante que ejerce el poder desde esas ciudades. En sistemas socio-económicos como el judeo-isrealita, la capital se ve precisamente como la representación de la opresión por excelencia. El desarrollo de centros urbanos en el Cercano Oriente antiguo no es un fenómeno que puede aislarse del resto del entramado social, sino que tiene repercusiones en el resto de la sociedad. Es un tipo de organización social donde la producción se realiza básicamente a través de la agricultura, y los centros urbanos representan el centro del poder estatal. Es desde allí que se recaudan impuestos; es desde allí que se ordena a los campesinos a dejar sus campos para trabajar en obras de construcción pública; es desde allí que se recluta a los jóvenes para combatir en el ejército del rey, y a las jovencitas para servir en la corte real (cp. 1 S 8.11–17). Si bien originalmente la relación ciudad-campo fue de ayuda mutua, donde el campo proveía la producción y la ciudad amurallada la protección, esta relación se fue transformando progresivamente en una relación de explotación. La ciudad se convirtió en la residencia de las clases privilegiadas y en su símbolo de dominio sobre el resto del país.

2.1–3.12 *Justificación del castigo: el pecado de las clases dirigentes*

En esta sección se especifica lo que anticipamos en el comentario anterior. Es a la elite gobernante que el profeta condena. Pasemos a analizar algunos pasajes claves.

2.1–5 *Denuncia de los latifundistas*

El texto nos habla de un grupo de gente, en hebreo, de una familia (v. 3a), que tienen la capacidad de planear maldades e iniquidades en su confort y ejecutarlas inmediatamente. Su pecado radica en la acumulación de campos y casas a través de la opresión del resto de las familias. La acumulación de bienes se condena a lo largo del mensaje profético. En una sociedad donde los recursos son limitados, la acumulación se realiza siempre a costa de otra gente, de despojar a los que no pueden defender sus derechos. La referencia a que es durante la mañana que estos crímenes se ejecutan no debe pasarse por alto (2.1). Era precisamente en ese momento del día que las cortes se reunían en la puerta de la ciudad para dirimir las disputas legales. El pasaje también menciona la expropiación de casas y campos (2.2 cp. Gn 39.5; 2 R 8.3; Is 5.8) y de la herencia de sus dueños. El crimen es mucho más terrible en tanto la propiedad ancestral (herencia) era algo sagrado e intransferible en la mayoría de los países del Cercano Oriente antiguo. Es muy interesante el concepto de justicia compensatoria que este texto nos propone. La justicia de Dios no se realiza sólo restituyendo sus tierras a los despojados. La justicia de Dios va más allá: se trata de despojar a los despojadores aun de su propiedad original, de la que no han robado. Es una reforma agraria que vuelve al orden social justo planeado por Dios para su pueblo. El último versículo anuncia la exclusión de esta «familia» o clase social, de la comunidad de propietarios de tierra en Israel. Ellos sufrirán el destino que impusieron en sus víctimas. Serán ellos mismos despojados.

2.6–13 *Debate con los falsos profetas*

Esta secuencia de textos presenta notables dificultades de interpretación, especialmente debido a la dificultad en identificar al sujeto que enuncia cada una de las afirmaciones. ¿Es un monólogo de Miqueas, o es más bien un diálogo y debate con los falsos profetas? La segunda posibilidad nos parece la más acertada y la que ofrece un sentido más claro al texto. En lo que sigue, Miqueas se enfrenta a quienes han hecho de la religión un refugio para sus prácticas opresoras, a quienes proclaman servir a Dios, pero sólo sirven a sus propios intereses. En el siguiente debate, se enfrenta a los profetas que defienden a los latifundistas criticados en 2.1–5.

2.6–7 *Los falsos profetas proclaman seguridad*

Nada malo le ha de acontecer al pueblo de Israel. ¿No están acaso bajo la protección de la promesa divina? ¿Es que acaso Dios no tiene poder para proteger a su pueblo? Esta falsa imagen de lo que significa ser el pueblo de Dios es una de las tentaciones más grandes a la que el pueblo de Dios se enfrenta. Jeremías tendrá que lidiar con una situación similar en su conocido sermón delante del templo (Jer 7.1–15):

«No os fiéis en palabras de mentira, diciendo: "¡Templo de Jehová, templo de Jehová, templo de Jehová es este!" Pero si de veras mejoráis vuestros caminos y vuestras obras; si en verdad practicáis la justicia entre el hombre y su prójimo, y no oprimís al extranjero, al huérfano y a la viuda, ni en este lugar derramáis la sangre inocente, ni vais en pos de dioses extraños para mal vuestro, yo os haré habitar en este lugar, en la tierra que di a vuestros padres para siempre» (Jer 7.4–7).

Donde no hay justicia no hay religión verdadera. No importa cuántos «desayunos de oración» los políticos y empresarios organicen. No se puede ser pueblo de Dios y ser cómplice de la opresión de pobres, extranjeros, huérfanos y viudas.

2.8–10 *Miqueas refuta las palabras de los falsos profetas*

El vs. 8 presenta dificultades de traducción. Probablemente la mejor solución sea traducir la primera mitad del versículo como lo hace J. L. Sicre: «Pero vosotros os alzáis contra mi pueblo como enemigos». Y es que el profeta contrapone al pueblo de Dios contra quienes los oprimen, de modo que las mujeres que son echadas de sus casas y los niños que pierden su heredad son en realidad su verdadero pueblo. Los opresores ya no son considerados pueblo de Dios, por más que nominalmente sigan perteneciendo a Israel.

2.11–13 *Un profeta digno de la mala gente*

Nos pregunta Miqueas: ¿Quién es un profeta digno de estos opresores de pobres, mujeres y niños? Su respuesta: quien con mentiras y engaños pervierta el mensaje de Dios y proclame un mensaje de conformismo político y religioso. Quien se una a las celebraciones de las clases que ejercen el poder.

3.1–4 *Denuncia de las autoridades*

Es contra esta clase que ejerce el poder que el profeta embiste a continuación: Los príncipes de Jacob, y jefes de la casa de Israel. Era la responsabilidad de estos líderes que la sociedad estuviera regida por la justicia. Mas eligen la práctica de la maldad en lugar de seguir los mandatos divinos. El profeta describe muy gráficamente la opresión que sufre el pueblo a manos de la clase dirigente: son devorados vivos, su piel es arrancada, sus huesos rotos (Cp. Sal 14.4 y Pr 30.14). ¡Es a mi pueblo a quien estáis devorando! Esto marca claras diferencias entre el pueblo de Dios, que es devorado, y los dirigentes que devoran y por lo tanto quedan excluidos del pueblo de Dios. Estos que han elegido el mal y rechazado el bien se han autoexcluido del pueblo de Dios por su propia decisión. Dios por lo tanto no escuchará sus oraciones ni responderá a sus plegarias.

3.5–7 *Debate con los falsos profetas*

Los falsos profetas, cómplices del pecado que comete la clase dirigente, también reciben su castigo: la noche eterna de la ausencia de Dios.

3.8–12 *Denuncia de jueces, profetas y sacerdotes*

A diferencia de los falsos profetas, Miqueas será fortalecido para seguir anunciando, proclamando el mensaje divino y denunciando los pecados de Israel. Y debemos aclarar nuevamente: los pecados no son los pecados de todo el pueblo. El profeta no «democratiza» el pecado ni lo universaliza, como hace la teología tradicional. El vs.

8 se clarifica en el vs. 9: son los jefes de la casa de Jacob y capitanes de la casa de Israel quienes abominan el juicio y pervierten todo derecho. Son ellos quienes están en pecado. El sistema judicial está en manos de corruptos al servicio de la clase dirigente. Jueces, sacerdotes, profetas y gobernantes están bajo el juicio de Dios por su corrupción. Son ellos quienes edifican sus casas con la sangre de sus obreros y quienes son responsables de la destrucción final que caerá sobre Jerusalén.

4.1–13 *La clase dirigente de Jerusalén es reemplazada por Dios: reina la paz y seguridad*

La mayoría de los eruditos está de acuerdo en que la sección que va del 4.1 al 5.14 es una adición posterior al libro de Miqueas, posiblemente una reedición de material del profeta adaptándolo a la nueva situación del exilio. Esta sección se caracteriza por su enfoque en la restauración futura de la justicia, la paz y la ciudad de Jerusalén como un lugar desde donde la instrucción divina se imparte a las naciones.

4.1–5 *Paz y justicia*

Estos versículos representan quizás uno de los oráculos más conocidos de la Biblia Hebrea. En él se nota ciertamente la influencia de Isaías 2.2–4:

«Acontecerá que al final de los tiempos
será confirmado el monte de la casa de Jehová
como cabeza de los montes;
será exaltado sobre los collados
y correrán a él todas las naciones. Vendrán muchos
pueblos y dirán:
Venid, subamos al monte de Jehová,
a la casa del Dios de Jacob.
Él nos enseñará sus caminos
y caminaremos por sus sendas.
Porque de Sión saldrá la Ley
y de Jerusalén la palabra de Jehová. Él juzgará entre
las naciones

y reprenderá a muchos pueblos.
Convertirán sus espadas en rejas de arado
y sus lanzas en hoces;
no alzará espada nación contra nación
ni se adiestrarán más para la guerra» (Is 2.2–4).

Es la teología de la restauración de Israel que emerge en el exilio babilónico. En contraposición a una situación de opresión, de dirigentes corruptos, de jueces que aceptan dinero a cambio de fallos favorables, de profetas que cierran sus oídos a la voz divina, se nos presenta una nueva realidad donde el reinado de Dios se hace manifiesto en sentencias justas, en paz y justicia. No se reclutará a los pobres para pelear las guerras de los poderosos. Dios mismo será quien imparta su instrucción.

4.6–13 *«En aquel día, dice el Señor»*

El vs. 4.6 introduce la promesa de restauración política de los exilados. Los que han sido esparcidos volverán; los que han sufrido el destierro regresarán a su tierra de la mano de Dios. Este texto responde a las controversias que emergieron dentro del pueblo en el exilio babilónico. ¿Debemos realmente regresar a Jerusalén? ¿No nos hemos ya establecido en esta tierra? Son preguntas a las que el profeta responde anunciando que Dios mismo, como en un nuevo éxodo, está juntando a los exilados.

5.1–15 *Dios instalará un nuevo rey, no de Jerusalén sino de Belén*

El otro debate en el exilio es si Dios ha descartado o no a la dinastía davídica. En la sección anterior, el vs. 4.9 clamaba «¿Acaso no tienes rey? ¿Pereció tu consejero?» El profeta responde que será de Belén de donde saldrá el nuevo rey, de esta manera asociándose al partido que proponía continuar con la antigua dinastía de David. Rashi comenta que Belén Efrata «debía haber ocupado la posición más inferior entre los clanes de Judá debido al estigma de Rut, la moabita» (es decir, perteneciente a un pueblo a quienes la ley prohibía convertirse en parte del pueblo de Dios). Las características de este rey han dado lugar a especulaciones mesiánicas tanto en la tradición interpretativa judía como en la cristiana. Rashi leía este texto como refiriéndose al Rey Mesías que traería la liberación a Israel, mientras entendía que los hermanos mencionados en 2b eran una referencia al resto de la tribu de Judá cuyo nombre se había establecido antes de la creación del mundo, como se señala en *Pirke de Rabí Eliézer*, «siete cosas fueron creadas antes de la creación del mundo. Una de ellas es el nombre del Mesías» (cáp. 3). Recordemos sin embargo que el profeta habla primariamente a sus contemporáneos. Son ellos quienes están esperando un gobernante que cambie radicalmente la forma en que fueron gobernados anteriormente. Las cualidades del futuro rey son típicas de lo atribuido a los reyes ideales en otras naciones del Cercano Oriente antiguo. Esta es la tarea que los gobernantes anteriores no han cumplido. Los vs. 10–11 apuntan a la destrucción de los símbolos de poder e instrumentos de opresión de la elite dirigente: caballos, carros, ciudades y fortalezas. Para mantener su situación de privilegio, las clases gobernantes precisaban de un aparato militar que pudiera responder inmediatamente a cualquier intento de subversión y que a la vez mantuviera la seguridad de las fronteras.

6.1–16 *Lo que requiere Dios: justicia, misericordia y humildad*
Esta sección nos presenta el llamado del profeta a Israel y Judá, para que retornen a Dios.

6.1–8 *Dos clases de dioses*
Este pasaje comienza con un juicio contra el pueblo en general. El profeta acusa al pueblo de no reconocer los actos de justicia del Señor (6.5) representados por la salida de Egipto. ¿Es que el pueblo no puede diferenciar al Dios liberador del dios que representan las clases dirigentes? ¿Cuál es la clave que nos permite discernir? Los siguientes versículos tratan de responder a esta disyuntiva a través de la alternativa entre el ofrecimiento de sacrificios y el ejercicio de la justicia. En estos versos magistrales el profeta nos presenta con la paradoja religiosa por excelencia. ¿Qué es lo que espera Dios de nosotros? Lamentablemente la tradición cristiana, en su entendimiento de la muerte sacrificial de Jesús de Nazaret, se ha

identificado con el lado erróneo de esta ecuación. De acuerdo al profeta, no son sacrificios los que busca Dios; no es en la entrega del primogénito:

> «¿Con qué me presentaré ante Jehová
> y adoraré al Dios Altísimo?
> ¿Me presentaré ante él con holocaustos,
> con becerros de un año? ¿Se agradará Jehová
> de millares de carneros
> o de diez mil arroyos de aceite?
> ¿Daré mi primogénito por mi rebelión,
> el fruto de mis entrañas por el pecado de mi alma?»
> (Miq 6.6–7).

Eso no es lo que Dios pide, sino «solamente hacer justicia, amar misericordia, y humillarte ante tu Dios» (6.8). Optar por una de estas alternativas implica tomar una decisión acerca del Dios en que creemos: si un Dios que nos libera de Egipto, o un dios que se pone del lado del faraón.

6.9–16 *La corrupción tiene consecuencias*

El profeta declara ahora que las calamidades vienen a causa de la corrupción y la injusticia perpetradas por los malvados (los ricos): «¿Voy a tolerar la casa del malvado con sus tesoros injustos? ¿Voy a absolver las balanzas con trampa y una bolsa de pesas falsas?» (6.10–11; BP) pregunta el Señor. Estos eran los medios por los cuales los mercaderes engañaban a los campesinos cuando vendían sus productos en la ciudad. «Sus ricos se colmaron de rapiña, sus moradores hablaron mentira» (6.12) sigue declarando. Las traducciones contemporáneas generalmente no reflejan las connotaciones sociales del hebreo *yoshav* (lit. «habitante, morador»). En este contexto, más que a todos y cada uno de los habitantes, el texto refiere a la aristocracia y ricos mercaderes, los únicos en posición de cometer los pecados descritos. El castigo es inminente. Los vs. 14–16 describen con crudo detalle las consecuencias del pecado: los culpables no disfrutarán del fruto de su trabajo. Es interesante que esta situación es concebida como un castigo divino, y no como lo normal. Lo normal es que el que siembra disfrute de los frutos de la cosecha, que el que exprime la aceituna disfrute del aceite de oliva, que el que pisa la uva disfrute del vino que produce. Ésta es la situación normal. Lamentablemente, en nuestra sociedad occidental, y especialmente en nuestro continente, lo normal es que el trabajador no disfrute del fruto de su trabajo, que siembre y sea el terrateniente quien disfrute de la cosecha, que uno exprima la aceituna y el aceite de oliva le sea expropiado, que el pobre pise la uva y sean los ricos quienes beben el vino. El vs. 16 trae el recuerdo de los reyes de Israel, Omri y Ajab. Omri (886–874 a.C.) había fundado Samaria sobre un terreno que él mismo había adquirido. Ajab fue su sucesor (874–853 a.C.). Existen muchos puntos de comparación entre los siglos IX y VIII. En ambos casos Israel y Judá habían logrado una posición de privilegio en la región, mas los únicos beneficiados de esta prosperidad fueron la casa real y sus asociados. La carga impositiva para mantener las burocracias estatales en esos momentos de esplendor cayó naturalmente sobre las clases menos privilegiadas. La historia se repite.

7.1–6 El exterminio de los justos

A esta crisis se ha llegado porque los justos han sido exterminados. El mal gobierno y la corrupción llevan a la crisis social y moral de la sociedad. El príncipe es un explotador, se soborna al juez, y así los poderosos se salen con la suya. Cuando los que deben dar el ejemplo de rectitud y justicia actúan de esta manera, la sociedad entra en crisis.

7.7–20 Promesa de restauración

Este salmo se relaciona con la sección anterior por medio del vs. 7. El salmo se divide en cuatro partes: Los vs. 8–10 se dirigen a un enemigo hipotético, reafirmando la confianza en el Dios liberador: Dios hará justicia en su momento y el enemigo será avergonzado. Los vs. 11–13 relatan la reconstrucción de Jerusalén y el retorno de los exilados. Los vs. 14–17 rememoran el éxodo de Egipto. Finalmente, los vs. 18–20 alaban la fidelidad de Dios para con su pueblo.

4. Visión de conjunto

La influencia de Miqueas en la historia del movimiento profético en Israel ha sido enorme. Un siglo más tarde, durante el reinado de Joaquim, el profeta Jeremías recordará el ministerio profético de Miqueas: «En tiempos de Ezequías, rey de Judá, Miqueas de Moreset habló en nombre del Señor a todo el pueblo de Judá, diciéndole: "El Señor todopoderoso dice: —Sión quedará convertida en un campo arado, Jerusalén quedará hecha un montón de ruinas y la colina del templo se llenará de maleza"» (Jer 26.18; DHH). Su compromiso con los pobres y afligidos aún sirve de modelo a quienes han hecho suyo el ministerio de proclamar las palabras del Dios de Israel a las clases dirigentes.

Miqueas nos propone un retorno a la esencia de la fidelidad creyente, la justicia (Hebreo *mishpat*): «El Señor ya te ha dicho, oh hombre, en qué consiste lo bueno y qué es lo que él espera de ti: que hagas justicia, que seas fiel y leal y que obedezcas humildemente a tu Dios» (Miq 6.8; DHH). Recordemos que hay dos palabras que tienen el sentido de «justicia» en la Biblia Hebrea: *mishpat*, que se refiere generalmente a la justicia legal en el ámbito de los tribunales (la RVR la traduce generalmente «juicio»), y *tzedaqah*, que se refiere generalmente a la justicia en el ámbito de lo social.

La preocupación por la justicia no es uno de los principales elementos en muchos programas de gobierno, y es por eso que Miqueas va a proclamar un cambio de gobierno para que los propósitos de Dios se realicen. Un príncipe de paz (en lugar del rey actual) será el encargado de traer justicia y paz al pueblo y a las naciones.

G. Nahúm

El libro del profeta Nahúm ocupa el séptimo lugar dentro del Libro de los Doce tanto en el Texto Masorético como en la Septuaginta. El texto nos presenta poesía hebrea de alta calidad, si bien con numerosas encrucijadas lexicográficas, a través de una vívida descripción de la debacle del imperio asirio personificada en Nínive, su capital.

1. El profeta y su contexto

Del profeta sólo sabemos su nombre y su procedencia, Nahúm de Elcos. Si bien el texto no comienza con una referencia cronológica precisa, el contenido del libro tiene un referente concreto: la ciudad de Nínive. Convertida en la capital del imperio asirio durante el reinado de Senaquerib (704–681 a.C.), Nínive fue el símbolo odiado que representaba la opresión del gran imperio asirio durante su último apogeo (744–612 a.C.). Luego de que Asurbanipal, su último gran rey, fuera sucedido por una serie de reyes insignificantes, el último gran imperio asirio sucumbiría a manos de medos y babilonios en el 612 a.C. Para el 650 a.C. las políticas imperiales asirias habían alcanzado su máxima extensión territorial, habiendo sometido a todos los pueblos del Cercano Oriente antiguo: Egipto, Israel, Siria, Urartu. etc.

El libro de Nahúm centra su oráculo en el asedio y caída de Nínive, y esto ha sugerido a algunos biblistas que el libro debe colocarse después del saqueo de la ciudad egipcia de Tebas durante la campaña asiria en Egipto, acontecida inmediatamente después de la caída de Menfis en el 663 a.C. (lo que se asume en 3.8–10) y de la caída de Nínive que el profeta anuncia (612 a.C.). El considerable proceso redaccional que se puede percibir en la forma final del libro de Nahúm nos llama la atención al hecho que, si bien el libro tiene un referente histórico, no puede tomarse como la copia inalterada de una obra producida en el siglo VII a.C. sino que, como el resto del corpus profético, es el resultado exílico o postexílico de una larga tradición literaria.

2. Estructura del libro

Los tres capítulos de Nahúm se centran en el tema del juicio de Dios contra Asiria y su capital. El libro puede bosquejarse como sigue:

Título	1.1
Venganza de Dios y liberación de Judá	1.2–15
El Dios vengador	1.2–11
El Dios liberador	1.12–15
Oráculo sobre la destrucción de Nínive	2.1–3.19
Conquista y saqueo de Nínive	2.1–9
Los pecados de Nínive	2.10–3.4
Nínive sufrirá el mismo destino que Tebas	3.5–17
No hay esperanza para Asiria	3.18–19

3. Análisis de textos claves

1.1 *Título*
A diferencia de otros libros proféticos donde encontramos más de un título iniciando una nueva sección, el libro de Nahúm sólo incluye este versículo como tal. De esta manera se invita al lector a ver la obra como una unidad.

1.2–11 *El Dios vengador*

Las afirmaciones de esta sección del libro de Nahúm en relación a la retribución divina presentan numerosos paralelos con otras afirmaciones teológicas de la Biblia Hebrea (cp. Nm 14.18; Jl 2.13; Jon 4.12; Sal 86.15; 103.8; 145.8). Sin embargo si comparamos Nahúm 1.2–3 con Éxodo 34.6–7 se pueden ver diferencias interesantes:

En Éxodo leemos:

«¡Jehová! ¡Jehová! Dios fuerte, misericordioso y piadoso; tardo para la ira y grande en misericordia y verdad, que guarda misericordia a millares, que perdona la iniquidad, la rebelión y el pecado, pero que de ningún modo tendrá por inocente al malvado; que castiga la maldad de los padres en los hijos y en los hijos de los hijos, hasta la tercera y cuarta generación» (Ex 34.6–7).

En Nahúm dice:

«Jehová es Dios celoso y vengador;
Jehová es vengador y está lleno de indignación;
se venga de sus adversarios
y se enoja con sus enemigos.
Jehová es tardo para la ira y grande en poder,
y no tendrá por inocente al culpable.
Jehová marcha sobre la tempestad y el torbellino,
y las nubes son el polvo de sus pies» (Nah 1.2–3).

Como se puede observar, el pasaje de Nahúm deja fuera un aspecto importante del enunciado del libro del Éxodo: la misericordia divina. En Éxodo, Dios es «tardo para la ira y grande en misericordia»; en Nahúm es «tardo para la ira y grande en poder». Queda claro que en la perspectiva de Nahúm (a diferencia de Jonás) Dios sólo mostrará un aspecto de su carácter al imperio opresor y a su ciudad capital: su ira. La diferencia entre estos textos nos lleva a buscar una explicación acerca de la naturaleza del carácter y obrar divinos. Cuando examinamos el contexto del pasaje de Éxodo nos damos cuenta que allí Dios no está lidiando con un imperio sanguinario y opresor, sino con su pueblo liberado de Egipto. Es Dios mismo quien pronuncia estas palabras delante de Moisés en el contexto del establecimiento del pacto con Israel. Dios oculta su misericordia del opresor. No habrá piedad para la ciudad sanguinaria.

1.12–15 *El Dios liberador*

No importa cuán poderosos e invencibles aparenten ser los asirios a los ojos de sus dominados. El Dios de Israel es más poderoso, el imperio invencible será derrotado y habrá fiesta en Judá. La destrucción de Asiria y la liberación de Judá son las dos caras de esta dinámica de opresión-liberación que presenta el profeta. La liberación del oprimido conlleva siempre nefastas consecuencias para el opresor.

> «¡Mirad! Sobre los montes
> los pies del que trae buenas nuevas,
> del que anuncia la paz.
> Celebra, Judá, tus fiestas,
> cumple tus votos,
> porque nunca más te invadirá el malvado;
> ha sido destruido del todo» (Nah 1.15).

Las buenas nuevas son el anuncio de paz (*shalom*). La verdadera paz sólo se ha alcanzado luego de la total destrucción del malvado opresor.

2.1–9 *Conquista y saqueo de Nínive*

El oráculo comienza con la descripción del ejército invasor, del destructor que avanza contra la ciudad (2.1–4). En medio de esta descripción se inserta a modo de recordatorio la causa de las penurias que se avecinan contra Nínive: Dios restaurará la gloria de Israel.

De los atacantes se pasa a describir a los defensores que infructuosamente tratarán de defender la ciudad. Nínive cae frente al asedio y el palacio, símbolo de poder de su rey y de la elite, es destruido.

2.10–3.4 *Los pecados de Nínive*

Nínive se describe como una cueva donde el león acumula lo que arrebata del producto del trabajo de otros para sus cachorros y despedaza las vidas de sus súbditos para sus críos:

«¡Ay de ti, ciudad sanguinaria,
toda llena de mentira y de pillaje!
¡Tu rapiña no tiene fin!» (Nah 3.1).

Sin embargo el pecado de Nínive no se reduce a la explotación económica de sus dominados. Es culpable también de seducirlos con el falso atractivo de sus valores e ideología para dominarlos. La dominación de los pueblos no se puede ejercer solamente a través de medios militares, económicos o políticos. Es necesario un aparato ideológico que promueva la ideología del imperio como algo bueno para los dominados (cp. 2 R 9.22; Is 47.9).

3.5–17 *Nínive sufrirá el mismo destino que Tebas*

A continuación se compara la ruina de Nínive con la de una de sus víctimas recientes: Tebas, la famosa ciudad egipcia. La sección comienza con una declaración de guerra de parte de Dios: «¡Aquí estoy contra ti!, dice Jehová de los ejércitos» (Nah 3.5).

Dios no tolera las políticas de Nínive y las considera una afrenta contra Él mismo como en el vs. 2.14. En estos versículos se destaca de una manera muy vívida el destino sufrido por la ciudad egipcia a manos de las tropas asirias. Así como Asiria ha destruido la poderosa Tebas, así Dios destruirá la arrogante Nínive. La vergüenza de la ciudad no tendrá límites (cp. Is 47.2s; Jer 13.22–26; Ez 16.36s; Os 2.5–12). Ese es el destino final de los imperios: Dios los cubrirá de estiércol e inmundicias. Sus ejércitos imponentes se tornarán impotentes y nada podrá evitar su caída. Nínive ha puesto su confianza en sus ejércitos y sus fortalezas y es en sus fortalezas que su ejército será consumido por el fuego (3.15). El destino de la clase dominante del imperio asirio, principal responsable y beneficiaria de las políticas opresivas, se describe vívidamente en este oráculo: serán aprisionados con grillos y sorteados como esclavos (3.10), y sus príncipes serán cortados de la faz de la tierra sin dejar rastro (2.17). Dios castiga al imperio, pero presta especial atención a sus líderes.

3.18–19 *No hay esperanza para Asiria*

Los últimos dos versículos del libro de Nahúm nos presentan la trágica realidad de quienes se enfrentan al juicio divino. El rey de Asiria ha depositado su confianza en sus príncipes y en su ejército; pero unos se han «dormido» (3.18a) y otros se han desbandado (3.18b). No hay remedio ni salvación para el imperio: «¡No hay medicina para tu quebradura, tu herida es incurable!» (Nah 3.19). Ante esta tragedia, el resto del mundo aplaude y se regocija. Las víctimas de los ejércitos asirios, los que han sobrevivido sus sanguinarias campañas, los que han sufrido la expropiación de sus recursos en forma de tributo, los que han sido exilados de sus tierras, todos celebran. Se regocijan en la caída del imperio «porque ¿sobre quién no ha pasado sin tregua tu maldad?» (Nah 3.19).

4. Visión de conjunto

El juicio de Dios contra el imperio asirio representa un paradigma de la acción divina contra todo dominio imperial. Como otros imperios a lo largo de la historia, el centro de poder acumula riqueza a costa del despojo de las periferias que sufren la expoliación y robo de sus recursos. Dios no permanece inmutable frente a este abuso y decreta que tales imperios sufrirán un destino similar al que han impuesto a sus conquistados. Es necesario recalcar que, si bien toda la ciudad sufre las consecuencias del castigo divino, el juicio de Dios se concentra en la clase dirigente de Nínive: su palacio (2.6), su rey (2.18) y su reina (2.7), sus mercaderes (3.16), sus príncipes y su gente poderosa (3.17): «Jehová es tardo para la ira y grande en poder, y no tendrá por inocente al culpable» (Nah 1.3). Aparte de proclamar el carácter retributivo de Dios, el libro de Nahúm enfatiza también la universalidad del poder del Dios de Israel. Es un Dios que protejerá a los afligidos y a quienes busquen refugio en él: «El Señor es bueno; es un refugio en horas de angustia: protege a los que en él confían» (Nah 1.7; DHH).

H. Habacuc

Tanto en la Septuaginta como en el Texto Masorético el libro de Habacuc ocupa el octavo lugar dentro del Libro de los Doce. Del profeta Habacuc sólo conocemos su nombre. Su «visión» (RVR: «profecía») está estructurada alrededor del tema central de la justicia divina y, si bien se nos presenta como una unidad literaria, contiene oráculos pronunciados durante un período extenso.

1. El profeta y su contexto

Algunos biblistas han visto en los versículos 1.2–4 una mención velada al terrible imperio asirio, colocando entonces el libro alrededor del 626–610 a.c., poco antes de la caída de las ciudades asirias Asur (615 a.C.) y Nínive (605 a.C.) a manos de los babilonios y persas. El libro ubica al profeta anticipando la ascendencia del imperio caldeo (2.6) como una amenaza para Judá y Jerusalén. Si bien puede asumirse que algunos de los oráculos provienen de una fecha cercana a la caída de Nínive, la edición final del libro debe colocarse posteriormente al 597 a.C.

2. Estructura del libro

3. Análisis de textos claves

1.2–4 *El clamor frente a la violencia e injusticia*

El profeta no puede permanecer impasible frente a la injusticia. Este primer poema se esfuerza en describir una situación límite para el profeta: violencia, iniquidad, maldad, destrucción, pleito y contienda. Esta situación tiene sus beneficiarios a la par de quienes se ven perjudicados: «el impío asedia al justo, y así se tuerce la justicia» (Hab 1.4). ¿A quienes puede referirse este texto? «Impíos» es un término general que en la actualidad parece tener una connotación exclusivamente religiosa. Una mejor traducción sería «villano», «malvado». Pero un malvado no necesariamente tiene la capacidad de pervertir el sistema legal para utilizarlo en su beneficio. Tiene que ser un malvado con poder e influencia, alguien que ha acumulado riquezas y una posición social respetable. ¿Y quienes son los justos? Los justos no parecen estar en posición de contrarrestar el poder de los malvados. Es decir, los justos que aquí menciona Habacuc son quienes no tienen los recursos suficientes para hacer valer su causa. Los malvados son los que utilizan su poder para asediar a los justos. «¿Por qué es prosperado el camino de los malvados y les va bien a todos los que se portan deslealmente?» clamará a Dios el profeta Jeremías frente a una situación similar (Jer 12.1). Habacuc tampoco se quedará callado. El profeta desafía a Dios, clamando, gritando «Hasta cuándo, Jehová, gritaré sin que tú escuches, y clamaré a causa de la violencia sin que tú salves?» (Hab 1.2). La Biblia no nos presenta una religión de aceptación pasiva del *status quo* cuando es injusto. ¡El profeta ni siquiera acepta pasivamente la inacción divina! El problema del triunfo de los malvados y el sufrimiento de los justos es un problema irresuelto en la teología bíblica. Ya lo manifestaba Rabí Jannai, «No está a nuestro alcance explicar la razón de la seguridad del malvado ni las aflicciones del justo» (*Mishná Abot* 15).

1.5–11 *Dios responde: los caldeos*

La respuesta divina al clamor de Habacuc es tanto inesperada como inadecuada para el profeta. Uno esperaría que Dios responda con la promesa de castigar a los malvados y rehabilitar a los justos, con el establecimiento de una sociedad justa. Sin embargo, en respuesta a las injusticias que se cometen en Jerusalén y en Judá Dios va enviar un ejército extranjero descrito como «cruel» (1.5), «formidable y terrible» (1.7) cuyo fin es «devorar» (1.8) y «poseer las moradas ajenas» (1.6), y que incluso «peca porque hace de su fuerza su dios» (1.11). ¿Qué clase de solución es ésta, Señor?

1.12–2.1 *El profeta cuestiona a Dios*

La ironía del siguiente oráculo llevó a los escribas que transmitieron la Escritura a modificar el texto para evitar su aparente irreverencia. Ante la respuesta anterior el profeta no se queda callado. En primer lugar se pregunta si Dios es realmente el Dios eterno, que no muere (1.12). Luego cuestiona que se haya puesto a tal ejército invasor como juez (1.12), para finalmente de manera sarcástica acusar a Dios de ser «muy limpio de ojos para ver el mal», y que eso le impide «ver el agravio» (1.13). Si no es así, «¿por qué, pues, ves a los criminales y callas cuando destruye el impío al que es más justo que él?» (Hab 1.13). La queja del profeta se agudiza en la siguiente metáfora del pescador y los peces. Dios trata a los seres humanos como el pescador a los peces, «los pesca con anzuelo, los recoge con su red, los junta en sus mallas» (1.15). Dios es un dios devorador que trata a los seres humanos como a «peces del mar, como a reptiles que no tienen dueño» (1.13b).

¿Seguirá Dios aniquilando sin piedad a las naciones? (1.17). El profeta no lo permitirá: «En mi puesto de guardia estaré, sobre la fortaleza afirmaré el pie. Velaré para ver lo que se me dirá y qué he de responder tocante a mi queja» (Hab 2.1).

2.2–4 *Respuesta de Dios*

Dios no parece acusar recibo de la respuesta irreverente de Habacuc, sino que le da instrucciones para que registre el anuncio para que el que lo lea pueda huir. El vs. 4 presenta una velada advertencia a Habacuc que la mayoría de las traducciones modernas no refleja. Si bien el hebreo de ese versículo presenta bastante dificultades, la traducción «mas el justo por su fe vivirá» no es la mejor. La palabra hebrea *'emuna* se refiere más que nada a la constancia de la fidelidad humana, y no a la fe. Dios contrasta aquí dos actitudes frente a la visión: la primera es la del débil de ánimo (¿una crítica a Habacuc?); la segunda es la del fiel, justo, quien aceptará la visión y seguirá viviendo fielmente (¿lo que Dios le pide a Habacuc?).

2.5–10 *Copla de los cinco ayes: canto de los oprimidos liberados*

El oráculo siguiente presenta una acusación inicial donde se caracteriza al opresor (Babilonia) como alguien «dado al vino» que no sobrevivirá «aunque reúna para sí todas las naciones y acapare para sí todos los pueblos» (2.5–6a), y cinco ayes que describen la respuesta de los oprimidos contra las injusticias, identifican en más detalle a los opresores, y luego describen las consecuencias de su conducta.

Contra la acumulación injusta de riqueza: «¡Ay del que multiplicó lo que no era suyo! ¿Hasta cuándo seguirá acumulando prenda tras prenda?» (Hab 2.6). La acumulación de riqueza se realiza la mayoría de las veces a costa de otros. Esto estaba claro a los ojos no sólo de los profetas de Israel sino también de los filósofos griegos. Eunapio (s. IV d.C) cita el siguiente diálogo en su obra *Vidas de los sofistas* (3,4): «Dime, filósofo, —le dijo [Alipio a Jámblico], "el rico, ¿es injusto o heredero de un injusto? ¿Si o no? Porque no hay término medio"». Lo mismo sucede en el caso de los imperios o de los centros del sistema capitalista mundial, donde la riqueza se consigue a partir de la explotación de las periferias. Mas esta situación no se mantendrá eternamente. Babilonia caerá, «por cuanto has despojado a muchas naciones, todos los otros pueblos te despojarán a ti» (2.8a). Este despojo ejercido por el poder imperial babilónico no se puede realizar por medios legítimos. Todo sistema injusto, aunque sea de intercambio comercial, se basa en el ejercicio de la violencia. El profeta desenmascara el sistema imperial y sus crímenes, su violencias «a la tierra, a las ciudades, y a todos los que en ellas habitaban» (2.8b). La violencia a la tierra tiene que ver con la práctica de destruir sembrados y plantíos para quitar al pueblo su base de sustento. En la actualidad, el sistema económico dominante ejerce tal destrucción solapadamente, subvencionando sus productos agrícolas y de esa manera llevando a la ruina a los agricultores pobres de países menos desarrollados. Esta situación produce el abandono de las tierras ancestrales y un éxodo masivo a las ciudades en busca de sustento en muchos países de América Latina. Pero Babilonia no ejercerá su dominio eternamente.

Contra la codicia de la acumulación injusta de riqueza, el profeta proclama: «¡Ay del que codicia injusta ganancia para su casa, para poner en alto su nido, para escaparse del poder del mal!» (Hab 2.9). El segundo ¡Ay! caracteriza al opresor como alguien que intenta acumular poder pensando que puede escapar de las consecuencias de sus acciones. Este texto, junto con el ¡Ay! siguiente, parecen apuntar al ambicioso programa de construcciones de Nabucodonosor financiado con el tributo extraído de sus súbditos y de los países dominados por su ejército. Babilonia ha asolado a los pueblos para obtener los materiales de construcción necesarios, y serán estos materiales mismos los que le reclamarán por su pecado (2.11).

Frente a la violencia contra el inocente, el profeta anuncia: «¡Ay del que edifica con sangre la ciudad y del que la funda sobre la maldad!» (2.12). La riqueza de Babilonia y sus hermosos edificios han sido hechos posibles gracias a la sangre de los inocentes y a la maldad inherente a toda política imperialista. Mas ya falta poco para que se evidencie la respuesta divina (2.14).

Contra el que se aprovecha de los demás, declara: «¡Ay del que da de beber a su prójimo! ¡Ay de ti, que le acercas tu hiel y lo embriagas para mirar su desnudez!» (2.15). Las estrategias de dominio de Babilonia incluyen el engaño y la decepción por cualquier medio disponible. Mas nuevamente el profeta anuncia que Babilonia no podrá escapar a las consecuencias de sus actos «Porque la rapiña del Líbano caerá sobre ti y la destrucción de las fieras te quebrantará» (2.17).

Contra los idólatras, acusa: «¡Ay del que dice al palo:"Despiértate"; y a la piedra muda: "¡levántate!"» (2.18–19). El siguiente ¡Ay! comienza realmente en el vs. 18 donde el profeta denuncia la confianza en ídolos mudos e imágenes que son sólo el producto de un artífice. Éstas han sido instrumento de opresión proveyendo la ideología religiosa necesaria para solidificar la hegemonía babilónica sobre sus conquistados.

3.1–19 *Oración de Habacuc*

La mayor parte de este capítulo (3.2–19a) es un salmo compuesto en un estilo poético arcaico que difiere del resto del libro. Consta de una petición inicial para que Dios haga manifiesto su poder «en medio de los tiempos», refiriéndose a la historia, esfera temporal del ser humano, a la vez que un reconocimiento de los temibles acontecimientos que se avecinan. A diferencia de la altanería demostrada por el profeta en el capítulo 1.1–17, aquí el profeta profesa su temor a Dios. Debemos recordar que el temor de Dios en la Biblia Hebrea no es sinónimo de miedo, sino de respeto y reverencia. El profeta ruega a Dios que en los tiempos de castigo que se avecinan «se acuerde de la misericordia» (3.2b). A continuación el salmo describe una teofanía (3.3–15) que anticipa el obrar de Dios contra los enemigos que amenazan al pueblo de Israel y a «su ungido» (su rey). El profeta utiliza la metáfora del amanecer y del progresivo triunfo de la luz solar sobre las tinieblas.

La gloria de Dios (3.b) representa la majestad y autoridad divina y aparece en otros contextos asociada con la luz o con el sol (Sal 8.1; 96.6; 104.2; 145.3; Job 37.22; 40.10). De la metáfora del amanecer se pasa a la de un terremoto anticipado por «la mortandad», instrumento frecuentemente utilizado por Dios para castigar a sus enemigos (cf. Ex 5.3; 9.15; Lv 26.25; Nm 14.12; Dt 28.21; 2 S 24.15; Jer 14.12) , describiendo luego el derrumbe de «los muros y collados antiguos» (3.5–6), lo cual es un motivo también común en las teofanías bíblicas (cf. Ex 15.14–16; Jue 5.4–5; Jl 2.10; Am 1.2). En el siguiente versículo (3.8) el profeta se dirige a Dios a través de una serie de preguntas retóricas. El vs. 3.9 vuelve a cambiar el tono. De pregunta retórica se pasa a afirmación; pero se continúa con un contenido reminiscente de antiguos motivos mitológicos que presentan a Dios luchando y subyugando a los elementos de la naturaleza (ríos, mares, tierra, montes, abismo, el sol y la luna cf. Sal 74.12–17). Esta salida abrumadora de Dios de su morada celestial (3.13) no tiene otro motivo que socorrer a su pueblo, Israel, y a su ungido, y a la vez que castigar al impío y a sus ejércitos. La oración de Habacuc concluye en los vs. 3.16–19a. Aquí el profeta se conmueve frente a la acción de Dios que ha descrito y reacciona a la vez con estremecimiento y confianza. El oír del vs. 16a nos recuerda el oír del vs. 2. El temor del profeta en el vs. 2 nos lleva de vuelta a su conmoción en el vs. 16. La acción de Dios que se avecina no puede tomarse con ligereza. El profeta que al inicio del salmo pedía a Dios que actuara, ahora declara su confianza en que Dios obrará: «Tranquilo espero el día de la angustia que vendrá sobre el pueblo que nos ataca» (3.16). Los versículos finales presentan la trágica situación que sobrevendrá al pueblo, la falta de los alimentos básicos, la crisis general. Mas en esta situación el profeta no desesperará, sino que se gozará en el Dios de su salvación. Habacuc ha cambiado radicalmente su actitud. De despecho a la voluntad divina, encarna ahora la expresión del vs. 2.4b y declara que seguirá viviendo fielmente aún en medio de todas las dificultades que se avecinan.

4. Visión de conjunto

El libro de Habacuc nos presenta una de las numerosas disputas en que los personajes bíblicos se involucran con Dios. El profeta es un hombre fiel que no puede soportar la pasividad divina frente a las injusticias que le rodean y por eso clama, grita, le reclama a Dios que actúe. El profeta no tiene cauterizada la conciencia y el sentido de lo que es justo y por lo tanto no puede más que acudir a su Dios. Pero la realidad que él observa a diario en su sociedad y la falta de respuesta a sus clamores le hace pensar que tal vez sea Dios quien es incapaz de ver lo que sucede. Como en toda confrontación del ser humano con Dios, la respuesta divina es impredecible, y el ser humano tiene que lidiar con ella. La respuesta de Dios al clamor de Habacuc no es la que el profeta esperaba o deseaba, y es ahora su tarea sintonizar su actitud con la voluntad divina. Habacuc alcanza a comprender que a largo plazo el instrumento del castigo divino será a la vez castigado. Y que a través de todas las penurias que él y los justos de su pueblo tendrán que atravesar Dios estará con ellos y será su refugio y fortaleza.

I. Sofonías

El libro del profeta Sofonías ocupa el noveno lugar en el «Libro de los Doce», antes de Hageo y luego de Habacuc, tanto en el Texto Masorético como en la Septuaginta. Si recordamos que Habacuc trató acerca de la destrucción de Nínive, capital del imperio asirio, y de la emergencia del imperio babilónico y anticipamos que Hageo tratará sobre la restauración y reconstrucción del templo luego del exilio, podemos ver que en su contexto canónico, el libro de Sofonías debe leerse a la luz de la destrucción de Jerusalén a manos de los babilonios y del consiguiente exilio a Babilonia.

1. El profeta y su contexto

El ministerio de Sofonías se desarrollará en Jerusalén durante el reinado de Josías (639–609 a.C.). Consecuentemente, la mayoría del libro puede ubicarse cronológicamente en el siglo VII a.C., con algunas adiciones posteriores como el oráculo de restauración de 3.9–13 y el himno de 3.14–20, que pueden colocarse durante el exilio o postexilio babilónico (cp. Is 40–55). La época de Sofonías es un tiempo de incertidumbre en el ámbito internacional. Después de la invasión asiria en el año 701 a.C. Judá experimentará un tiempo de relativa seguridad por casi cien años siendo testigo de los intentos del imperio asirio de incorporar Egipto a su territorio, lo que se consigue en el año 670 a.C. El justo rey Ezequías será sucedido por su hijo Manases en el año 697 a.C. Éste pagará tributo a Asiria asegurando de esta manera su corona por el largo período de cincuenta y cinco años (2 R 21.1–18). Su reinado será recordado como un período oscuro para la fe yavista y a sus pecados e idolatría se le atribuye la caída posterior del reino de Judá a manos de los babilonios (2 R 23.26–27). Era tal la disconformidad de los líderes de Judá que luego de su fallecimiento en el año 642 a.C. su hijo Amón será asesinado luego de sólo dos años de reinado (640 a.C.). En su lugar, una coalición de terratenientes instalaría a Josías, quien sólo contaba con ocho años al momento de sus coronación (639 a.C), como nos relata 2 Reyes 21.19–26. Josías será recordado como un rey justo. En el año dieciocho de su reinado, decretará una reforma religiosa profunda que incluirá la redacción del libro de Deuteronomio y la implementación de sus demandas de monoteísmo exclusivo y centralización del culto en Jerusalén (2 R 22–23). El libro de Sofonías no contiene referencia alguna a la reforma religiosa de Josías y por lo tanto ha llevado a algunos biblistas a estimar que sus oráculos deben colocarse antes de los eventos mencionados en 2 R 22–23, es decir, antes del año 630 a.C. Pero también es posible entender el libro como sobreentendiendo la reforma de Josías y tratando de brindar su apoyo a la misma. Si así fuera, sus oráculos deben ser posteriores al año 630 a.C. En ese momento la situación internacional presenta la decadencia del control asirio en Siria-Palestina, los progresivos intentos de Egipto de recuperar su histórica influencia sobre la región y el incipiente surgimiento del poder caldeo en Mesopotamia. A la postre esto provocará la caída de Nínive y el fin del imperio asirio en el año 612 a.C. Es en este turbulento contexto internacional que se puede ubicar el ministerio de Sofonías. Teniendo en cuenta su conocimiento de la ciudad (1.10–13) y de los ritos del templo y su preocupación por Jerusalén y sus habitantes, se puede reconocer en el profeta a alguien con acceso al templo y a la familia real.

2. Estructura del libro

La estructura de Sofonías sigue un patrón clásico dentro de los libros proféticos, pues a unos oráculos de condena y castigo, sigue un oráculo de salvación. El esquema se desarrolla presentando primero el juicio cuasi universal a la par que el de los idólatras de Jerusalén seguido por el juicio de los paganos a la par que el de ciertos habitantes de Jerusalén.

El libro puede bosquejarse como sigue:

Título	1.1
Anuncio del día de Yavé	1.2–18
Oráculo de destrucción	1.2–6
La ira de Dios contra los poderosos	1.7–18
Exhortación a prepararse para el día de Yavé	2.1–3.13
Humildes, ¡seguid buscando a Dios y Él será vuestro refugio!	2.1–3.7
¡Reúnase el pueblo!	2.1–3
Oráculo contra las naciones extranjeras	2.4–15
Condena de la elite jerosolimitana	3.1–7
¡Confiad en Dios y Él os restaurará!	3.8–13
Exhortación a regocijarse en la promesa de salvación	3.14–20
Llamada a gozarse en la liberación	3.14–17
Promesa de restauración	3.18–20

3. Análisis de textos claves

1.1 *Título*

El nombre «Sofonías» significa «Yavé ha ocultado» o «Yavé ha atesorado», y señala la protección divina sobre el nombrado. Algo inusual en la literatura profética es que el vs. 1 presenta cuatro generaciones de la genealogía de Sofonías. Esto ha provocado bastante especulación, en particular acerca de la identificación de sus ancestros y también acerca de los motivos detrás de tal enumeración. El comentador bíblico medieval Abraham Ibn Ezra sugirió que el Amarías hijo de Ezequías mencionado en el vs. 1 era el hermano del rey Manases; pero de acuerdo a David Kimhi, otro comentarista judío medieval, el profeta decidió incluir esos nombres en su genealogía sencillamente porque todos habían sido hombres notables. Lamentablemente no poseemos suficiente información genealógica de esa época como para dirimir esta cuestión.

1.2–6 *Oráculo de destrucción*

El oráculo no comienza con la expresión usual «así dice el Señor», sino directamente con la acción divina. La destrucción será total. En la lista de cosas a ser destruidas parecen resonar elementos del relato sacerdotal (P) de la creación (Gn 1.1–2.4a). Esta acción de Dios se asemeja a la destrucción total representada por el diluvio. Es una des–creación de todo lo existente. Este sentido universal se hace más específico en la medida que avanza el oráculo. Dios va a «extender su mano contra Judá y contra todos los habitantes de Jerusalén». Pero no para destruir a todos y cada uno de ellos sino que, dice Dios, «exterminaré de este lugar los restos de Baal y el nombre de los ministros idólatras junto con sus sacerdotes. Exterminaré a los que sobre los terrados se postran ante el ejército del cielo, a los que se postran jurando por Jehová y jurando por Milcom, a los que se apartan de Jehová, a los que no buscaron a Jehová ni lo consultaron» (Sof 1.4–6). Esto significa que los primeros versículos del oráculo no deben entenderse como un juicio de condena universal, sino que se refiere al grupo descrito en los vs. 4–6. Dios proclama que no tolerará la idolatría o que se le adore a Él al mismo tiempo que se adora a otros dioses. Dios demanda exclusividad absoluta de su pueblo.

1.7–18 *La ira de Dios contra los poderosos*

Esta sección comienza con una llamada a reconocer con reverencia la manifestación de Dios ¡El día del Señor se acerca! Y será un día de juicio. Esto no debe entenderse como un juicio universal, sino como un juicio de los grupos enumerados a continuación: en primer lugar, los oficiales (mejor traducción que «los príncipes» RVR), los hijos del rey y todos los que visten como extranjeros. Esto implica a los altos oficiales del gobierno tanto administrativos como militares, a la casa real y a los miembros de la elite, que son los que adoptan las modas extranjeras y pueden financiárselas (1.8b). En segunda instancia «los que saltan la puerta y a los que llenan las casa de su señor (mejor que «las casas de sus señores» como traduce la RVR) con robo y engaño» (1.9). En este caso el texto acusa a quienes sirven de instrumento para el enriquecimiento fraudulento del rey a través de medios ilícitos. El siguiente grupo (1.11) son los mercaderes, los que trafican con dinero. Los mercaderes son a menudo objeto de crítica profética ya que su forma de adquirir su riqueza no era a través del trabajo de la tierra o producción de bienes muebles, sino del intercambio, comprando barato y vendiendo caro, y muchas veces engañando a sus compradores y vendedores con pesas y balanzas adulteradas. A continuación Dios anuncia que escudriñará a Jerusalén y castigará a los que reposan pensando que Dios no va a actuar contra los injustos. ¿Quiénes son estos hombres? Su clase social se puede deducir del siguiente versículo: son los «aletargados con vinos generosos» (BP), es decir, quienes pueden pasar el día bebiendo sin preocuparse por trabajar. El castigo también sirve para identificarlos: «sus riquezas serán saqueadas, sus casas derribadas» (BP). Queda claro entonces que no estamos frente a un juicio general contra toda la población de Jerusalén, como se sugiere en los subtítulos que encabezan esta sección en algunas traducciones de la Biblia, sino de un juicio contra su clase dirigente, contra la elite que se enriquece oprimiendo al pueblo.

El vs. 14 retoma el tema del Día del Señor, y los versículos siguientes describen vívidamente la tragedia que se avecina. De igual manera que la sección anterior (1.7–13), estos versículos hablan de la destrucción de «todos los habitantes de la tierra» pero apuntan a una clase social específica. Son aquéllos que «pecaron contra Yavé» (1.17) a quienes «ni su plata ni su oro podrán librar» (1.18). Son los ricos los que disponen de plata y oro; son los ricos cuya «sangre será derramada como polvo y su carne como estiércol» (1.17).

2.1–3.7 Humildes, ¡seguid buscando a Dios y Él será vuestro refugio!

2.1–3 ¡Reúnase el pueblo!

El primer versículo de esta sección ha presentado considerables desafíos a los exegetas. Generalmente se entiende como una referencia negativa. la RVR traduce «nación sin pudor», y la Biblia del Peregrino dice «pueblo despreciable», ambas suponiendo que este versículo alude con toda certeza a todo el pueblo o a las clases descritas en los versículos previos. Hay sin embargo una tercera posibilidad que permite entender mejor este versículo en el contexto de los vs. 2.1–4, entendiendo el verbo hebreo *ksp* «dividir, quebrar» en paralelismo antitético con el verbo *qshsh* «juntar». Proponemos entonces la traducción siguiente de Sofonías 2.1–4:

«¡Reúnase y júntese como ramitas el pueblo!

¡No estéis divididos!

No sea que os arrebaten como paja volandera.

No sea que os afecte el incendio de la ira del Señor.

No sea que os afecte el día de la ira del Señor.

Seguid buscando al Señor los humildes de la tierra,

los que cumplís sus mandatos

Seguid procurando la justicia, procurando

la humildad

para estar a resguardo el día de la ira del Señor».

De esta manera la sección tiene coherencia en cada una de sus partes. No son dos los grupos mencionados, como se desprende de la lectura de las traducciones disponibles, sino un solo grupo. Se pide a los humildes y a los pobres que se junten para ser más fuertes y que sigan siendo fieles a Dios. De esta manera, cuando venga el día de la ira estarán a cubierto.

2.4–15 Oráculo contra las naciones extranjeras

Esta sección desarrolla el motivo clásico dentro de la profecía hebrea del castigo de las naciones extranjeras (cp. Am 1.3–2.3).

El vs. 2.9b representa claramente una adición posterior: «El resto de mi pueblo los saqueará y el resto de mi pueblo los heredará». Esto hace resaltar la promesa de restauración propia del período exílico.

3.1–7 *Condena de la elite jerosolimitana*

En esta cadena de denuncias el profeta condena a la ciudad de Jerusalén por su rol de opresora. Era en las ciudades capitales donde lógicamente se asentaba el gobierno y la clase dirigente. Los adjetivos con que se califica a Jerusalén («ciudad rebelde, contaminada y opresora») especifican su pecado tanto en el área de la fidelidad exclusiva a Yavé, por lo que está ritualmente contaminada, como en el área de la opresión política y económica. Esto la ha convertido en una ciudad rebelde a los ojos de Dios. A continuación se pasa a especificar quiénes son los responsables de la situación: sus oficiales, sus jueces, sus profetas, sus sacerdotes. Los oficiales y los jueces son culpables de devorar al pueblo (leones y lobos), mientras que la burocracia religiosa es desleal a Dios, profana lo sacro y viola la ley de Dios. Yavé ha actuado en la historia enjuiciando y condenando a naciones por ofensas similares, esperando que la elite jerosolimitana escarmentara. Pero esto no ha sucedido. Dios derramará su ira.

3.8–13 *¡Confiad en Dios y Él os restaurará!*

Los vs. 9–10 han sido considerados, por algunos biblistas, adiciones posteriores al libro debido a su similitud con el mensaje de restauración escatológico del exilio y postexilio que sugieren textos de esa época. Compárese por ejemplo este texto con el del postexílico Trito Isaías: «Vendrán todos los de Sabá trayendo oro e incienso, y publicarán las alabanzas de Jehová. Todo el ganado de Cedar será reunido para ti; carneros de Nebaiot estarán a tu servicio. Serán una ofrenda agradable sobre mi altar, y daré esplendor a la casa de mi gloria» (Is 60.6–7).

Algo semejante sucede con el vs. 11, introducido con la expresión «en aquel día», lo que delata frecuentemente la actividad redaccional posterior. El mensaje de perdón expresado en estos textos también encuentra un paralelo en el exílico Deutero Isaías: «¡Consolad, consolad a mi pueblo!, dice vuestro Dios. Hablad al corazón de Jerusalén; decidle a voces que su tiempo es ya cumplido, que su pecado está perdonado, que doble ha recibido de la mano de Jehová por todos sus pecados» (Is 40.1–2). El ambiente teológico del exilio y de la época inmediatamente posterior es lo que brinda el contexto histórico necesario para la interpretación de estos textos. La comunidad ha sufrido ya el castigo divino, el templo ha sido destruido, Jerusalén arrasada (cp. Lamentaciones) y las esperanzas de una dinastía davídica eterna truncadas. En medio de la desolación y la desesperanza el salmista cantará: «Junto a los ríos de Babilonia, allí nos sentábamos y llorábamos acordándonos de Sión» (Sal 137.1). Es en este contexto que estos oráculos tienen sentido. Su propósito es transmitir a la comunidad el mensaje que Dios no ha olvidado a su pueblo. Mas el propósito divino no incluye restaurar a los poderosos y opresores que han traído tanta desgracia a la comunidad. El remanente estará compuesto por «un pueblo pobre y humilde» (3.12; BP), lo opuesto a la clase social condenada previamente, «un resto de Israel que se acogerá al Señor» (3.13 BP), es decir, todo lo contrario de aquéllos que decían «Yavé no hará ni bien ni mal» (1.12b), y todo lo contrario de aquellos profetas fanfarrones y desleales, de aquellos sacerdotes que profanaban lo sacro y violaban la Ley del Señor. El remanente será humilde, pobre y fiel a Dios. No hay lugar entre ellos para arrogantes, ricos, o rebeldes contra el Señor.

3.14–17 *Llamada a gozarse en la liberación*
Los versículos 14–20 constituyen la parte final del capítulo. El canto de júbilo tiene fuertes connotaciones socio-políticas. En la RVR y otras traducciones modernas se interpreta el vs. 15 como que en primer lugar se anuncia que Dios ha declarado una amnistía para su pueblo y expulsado a sus enemigos. El perdón divino y la reconciliación de Dios con su pueblo son un requisito de la mayoría de los textos proféticos del exilio que proclaman

un mensaje de liberación, restauración y renovación del pacto de Dios con su pueblo (cp. Jer 32.37–41; Ez 37.21–28; Bar 2.29–35; Jer 31.31–34; Ez 34.25–31; Ez 36.22–35; Zac 7.7–8:17; Jer 24.5–7; Ez 16.53–63; Ez 11.14–21). Estos textos incluyen una combinación de siete elementos constitutivos: 1) Un acto liberador de Dios, es decir, la reunificación del pueblo y el retorno a la tierra prometida, 2) un acto de perdón divino, 3) una expresión pactual, 4) la renovación de los valores y cambio de actitud del pueblo, 5) una caracterización del pacto (nuevo, de paz, etc.), 6) la restauración de un rey davídico y 7) bendiciones. En Jer 32.37–41, cinco de los elementos se encuentran estructurados de una manera concéntrica como se ve a continuación:

A (vs. 37) «Yo los reuniré de todas las tierras a las cuales los eché con mi furor, con mi enojo y mi gran indignación; los haré volver a este lugar y los haré habitar seguros,

B (vs. 38) y ellos serán mi pueblo y yo seré su Dios.

C (vs. 39) Les daré un corazón y un camino, de tal manera que me teman por siempre,

D para bien de ellos y de sus hijos después de ellos.

  X. (vs. 40) Haré con ellos un pacto eterno:

D' que no desistiré de hacerles bien,

C' y pondré mi temor en el corazón de ellos,

B' (vs. 41) para que no se aparten de mí. Yo me alegraré con ellos haciéndoles bien,

A' y los plantaré en esta tierra en verdad, con todo mi corazón y con toda mi alma».

Volviendo al texto de Sofonías, el vs. 17 resaltará que Dios renovará su amor para con Jerusalén y su pueblo. Una alternativa plausible a nuestro juicio, siguiendo la Biblia del Peregrino, es traducir «el Señor ha expulsado a los tiranos, ha echado a tus enemigos» conectando este versículo con el vs. 3.5, donde Dios establece su juicio soberano. Estos enemigos no tienen que entenderse necesariamente como enemigos externos. Isaías (Is 1.21–26) llamará enemigos y adversarios a todos los que gobiernan injustamente al pueblo de Dios. De una manera o de otra, el Dios de Abraham, Isaac, Jacob, el Dios de Moisés y los profetas, ha actuado nuevamente a favor de su pueblo.

Lo interesante es que Sofonías no propone la restauración de la dinastía davídica como parte del programa de liberación. Una de las controversias dentro de la comunidad judía del exilio era si Dios iba a continuar su pacto con la casa de David y restaurar un monarca de esa línea o si por el contrario, la destrucción de Jerusalén y el exilio demostraban que Dios ya no apoyaba a la dinastía davídica. Sofonías se alineará dentro de esta segunda corriente y dice que será Dios mismo quien reinará en Sión. La presencia constante de Dios en la ciudad garantizará su defensa y promete un futuro donde las tragedias del 597–587 a.C. nunca vuelvan a repetirse.

3.18–20 *Promesa de restauración*

Los últimos tres versículos de Sofonías refuerzan la promesa de restauración. La destrucción de Jerusalén y la consiguiente deportación a manos de los babilonios esparció al pueblo de Dios entre muchas naciones. A la tragedia material del exilio se suma el oprobio de haber sido abandonados por su Dios, y es por eso que, como parte del programa de restauración, Dios reparará el buen nombre y dará fama y renombre a los dispersos. Los componentes específicos de la restauración divina son los siguientes: Dios apartará la desgracia de su pueblo, actuará contra los opresores, salvará a los minusválidos, reunirá a los dispersos y les dará fama y renombre. Dios cambiará la suerte de su pueblo.

4. Visión de conjunto

El motivo central del libro de Sofonías es el arribo del «día del Señor» como un día de juicio contra la elite jerosolimitana (1.14–18) y las naciones paganas (2.5–3.8). Las referencias a este día de juicio se conectan con el motivo central a través de la expresión «en aquel día» (1.7a; 8a; 9a; 10a) o «en aquel tiempo» (1.12a). No es un juicio universal como algunos comentaristas sugieren, sino un juicio específico contra una clase particular: la casa real, los príncipes, los nobles, los ricos, los mercaderes, los falsos profetas, los sacerdotes infieles, los jueces corruptos. Todos conspiran para oprimir al pueblo de Dios, tanto en la época de Sofonías como contemporáneamente. Se necesita tal alianza de corrupción para sostener un sistema opresor funcionando. El mensaje de esperanza de Sofonías es que Dios no deja abandonado a su pueblo, es decir, a los que sufren los crímenes y la opresión de los susodichos. Todos esos grupos estaban en tiempos del profeta, y están hoy en día, bajo el juicio divino. Mas Dios rescatará a los pobres y humildes, el resto de Israel que se acogerá al Señor.

J. Hageo

El libro de Hageo ocupa el décimo lugar en el Libro de los Doce tanto en la Septuaginta como en el Texto Masorético. Hageo nos llevará al período de la reconstrucción del templo y la restauración de las instituciones religiosas en Jerusalén.

1. El profeta y su contexto

No es mucho lo que sabemos del profeta Hageo. Su nombre se construye a partir de la raíz hebrea *hgg* que significa «hacer una peregrinación». El libro establece el contexto histórico de su contenido en el año del inicio de la reconstrucción del templo en Jerusalén. En el año 538 a.C. el rey Ciro el Grande de Persia (559–530 a.C.) había emitido el primer decreto a favor de los exilados en Babilonia permitiendo su retorno a Jerusalén (ver 2 Cr 36.22–23; Es 1.1–4. Cf. Esdras 3). Hageo se ubica durante el segundo año de Darío, rey de Persia, es decir, el año 520 a.C. (Hag 1.1; 1.5b–2.1; 2.10). Darío, que no pertenecía a la familia real, había llegado al trono sucediendo al hijo de Ciro, Cambises, quien logra conquistar Egipto en el año 525 a.C. pero ve sus ambiciones truncadas por su temprana muerte en el año 522 a.C. Esto provoca una serie de insurrecciones contra el control persa que Darío se verá obligado a sofocar. Es un período de inestabilidad que recién se aclara alrededor del año 520 a.C. Parece que un primer intento de restauración bajo el liderazgo de Sesbasar no había logrado continuidad y es entonces bajo el liderazgo de Zorobabel, descendiente de la casa de David, y del sacerdote Josué que la obra empieza a progresar (Esd 5.14–16). La situación con que se enfrentan los exiliados que regresan de Babilonia está muy lejos de concretizar las esperanzas surgidas de la prédica de los profetas del exilio. La reconstrucción será una dura tarea que enfrentará numerosos obstáculos, tanto a nivel externo como dentro de la propia comunidad. Si bien los detalles históricos y la secuencia de los eventos de la misión de Esdras y Nehemías todavía ocupan a los especialistas en este período, una comparación con el relato de Esdras 2.68–3.13 puede servir de guía para entender el contexto de los oráculos de Hageo. El profeta se encuentra con una situación en la que la construcción del templo se ha iniciado, probablemente unos veinte años antes. De acuerdo al relato de Esdras, se ha reconstruido el altar para iniciar la ofrenda de sacrificios, pero el edificio en sí, el templo, aún no ha sido comenzado. Es a este proceso de reconstrucción a que se refiere Hageo, quien es mencionado junto al profeta Zacarías en relación a esta empresa (Esd 5.1; 6.14).

2. Estructura del libro

El libro se compone de cuatro oráculos relacionados con la reconstrucción del templo. Cada uno tiene una fecha específica y en cada uno de ellos el profeta es el personaje central:

Exhortación a reconstruir el Templo	1.1–15a
Promesa de ayuda divina para la tarea	1.15b–2.9
Mensaje a los sacerdotes	2.10–19
Promesa a Zorobabel	2.20–23

3. Análisis de textos claves

1.1–15a *Exhortación a reconstruir el Templo*

El día primero del mes sexto sería el 27 de agosto del 520 a.C en nuestro calendario. El profeta justifica su exhortación a los líderes políticos y religiosos (Zorobabel y Josué) con dos argumentos. En primer lugar parece ser que la situación económica de la comunidad había mejorado algo como para tener casas con techos y era un escándalo que las casas particulares tuvieran techo y la casa del Señor no. Por otro lado el profeta declara que el Señor no va a bendecir la tierra hasta que la obra del templo no continúe. La tradición profética entenderá que tanto el trabajo sin fruto (ver Lv 26.26) como la sequía (cp. Jer 14.7–10) son señales del castigo divino. En este caso la ofensa es que mientras las casas privadas están techadas, el templo todavía está en ruinas. En la situación del postexilio el templo cumplirá no sólo funciones cúlticas sino que servirá como centro de referencia para todas las actividades de la comunidad. Los retornados no tendrán un rey, si bien Zorobabel era, según la genealogía de 1 Cr 3.18, nieto de Jeconías, el último rey de la dinastía davídica (598–597 a.C), quien fuera exilado a Babilonia, encarcelado por Nabucodonosor durante la toma de Jerusalén y luego rehabilitado por Evil Merodac (2 R 25.27–30). Este primer oráculo está estructurado de manera concéntrica (quiástica) de la siguiente manera:

A 1.1a Fecha

B 1.1b Acción de Dios: se dirige a Zorobabel y Josué por medio de Hageo

C 1.2 El pueblo dice que no ha llegado el momento de construir el templo

D 1.3–5. Casas con techo y templo en ruinas

E 1.6 Situación: no se produce fruto

  X 1.7 Mandato: «Subid al monte, traed madera y reedificad la Casa; yo me complaceré en ella y seré glorificado, ha dicho Jehová» (Hag 1.8)

E' 1.9a Situación: Mucho trabajo, poco resultado

D' 1.9b–11 Casas con techo y templo en ruinas; por eso la sequía

C' 1.12 El pueblo obedece al Señor

B' 1.13–14 Dios se dirige al pueblo por medio de Hageo

A' Fecha

El centro del oráculo, el vs. 1.7, representa el mensaje principal que se trata de comunicar: el mandato divino de reconstruir el templo, el tema alrededor del cual gira el libro de Hageo.

1.15b–2.9 *Promesa de ayuda divina para la tarea*

El segundo oráculo de Hageo lidia con el desencanto producido al comienzo de la reconstrucción. Se hace evidente desde el comienzo que este templo no va a parecer ni la sombra del que fue destruido por los babilonios. Esdras 3.12 nos relata que «Muchos de los sacerdotes, levitas y jefes de familia, ancianos que habían visto la primera casa, al ver como echaban los cimientos de esta casa, lloraban en alta voz» (Esd 3.12). El profeta trata de animar a quienes no pueden enfrentar la dura realidad. En este contexto Dios les recuerda que Él está acompañando al pueblo de la misma manera que lo acompañó a la salida de Egipto y promete llenar el templo con su gloria (cf. Ex 40.43; Ez 43.1–5). Las palabras dirigidas a Zorobabel y Josué son las mismas dirigidas por Dios a Josué repetidas varias veces durante la conquista (Jos 1.6, 9, 18).

2.10–19 *Mensaje a los sacerdotes*

El tercer oráculo enfatiza, a través de la metáfora de la carne consagrada y la carne muerta, que aún cuando el pueblo se está ocupando de reconstruir el templo, que es una tarea santa, todavía no está purificado, porque sigue en contacto con cosas impuras. Es decir, de la misma manera que la carne consagrada no tiene poder para consagrar lo que toca, el pueblo no se halla consagrado por el mero hecho de construir el templo. Y de igual manera que el contacto con un cadáver impurifica al que lo toca, el pueblo permanece impuro debido a sus faltas.

2.20–23 *Promesa a Zorobabel*

El último oráculo de Hageo es un mensaje de apoyo a la dinastía davídica ejemplificada por Zorobabel. Dios le otorga títulos honoríficos como «siervo» y «elegido», lo que reafirma la continuidad del pacto de Dios con David. Esta promesa no se cumplió y la dinastía davídica nunca sería restaurada.

4. Visión de conjunto

El libro de Hageo proclama un mensaje de esperanza para una comunidad que luego de haberse visto conmovida por la destrucción de su ciudad, de su templo, y tenido que soportar el exilio en tierras extrañas, trata de recomenzar en la tierra de sus ancestros. Del esfuerzo de esta comunidad resultará el restablecimiento de sus instituciones religiosas y la reconstrucción tanto del templo como de la ciudad de Jerusalén. Es un nuevo comienzo que demuestra la relación inquebrantable que el pueblo judío ha tenido, y sigue teniendo, con Jerusalén y con su tierra, Eretz Israel.

> «Cuando Jehová hizo volver de la cautividad a Sión,
> fuimos como los que sueñan. Entonces nuestra boca
> se llenó de risa
> y nuestra lengua de alabanza.
> Entonces decían entre las naciones:
> ¡Grandes cosas ha hecho Jehová con éstos!
> ¡Grandes cosas ha hecho Jehová con nosotros!
> ¡Estamos alegres!
> ¡Haz volver nuestra cautividad, Jehová,
> como los arroyos del Neguev!
> Los que sembraron con lágrimas,
> con regocijo segarán. Irá andando y llorando el que
> lleva la preciosa semilla,
> pero al volver vendrá con regocijo trayendo sus
> gavillas» (Sal 126.1–6).

K. Zacarías

El libro de Zacarías ocupa el undécimo lugar en el Libro de los Doce tanto en el Texto Masorético como en la Septuaginta. El libro presenta un informe de las visiones de Zacarías relacionadas con el proyecto de reconstrucción del templo.

1. El profeta y su contexto

Existe un claro consenso entre los biblistas, que el libro de Zacarías en su forma actual es el resultado de un proceso redaccional complejo que seguramente involucró a diversos autores. La mayor parte de los primeros ocho capítulos del libro se pueden atribuir con cierta certeza al profeta Zacarías, quien aparece mencionado junto al profeta Hageo en Esdras 5.1 y 6.14 y quien tuvo un rol fundamental en la reconstrucción del templo de Jerusalén al regreso del exilio babilónico. Zacarías 1–8 cubre un período de actividad de unos dos años, comenzando casi al mismo tiempo que cesa la actividad registrada de Hageo en su libro y extendiéndose hasta el mes noveno del cuarto año del rey Darío (7 de diciembre del 518 a.C. de acuerdo a nuestro calendario). Para un mejor entendimiento del contexto de las profecías dividiremos el tratamiento del libro en dos secciones, Primer Zacarías (Zac 1–8), y Deutero Zacarías (Zac 9–14).

2. Estructura del libro (Primer Zacarías)

La estructura subyacente de los primeros seis capítulos articula una serie de ocho visiones. Éstas representan probablemente la base a la cual se fueron añadiendo algunos oráculos más breves. Se pueden bosquejar como sigue:

Título	1.1
No seáis como vuestro antepasados. ¡Volved a Yavé!	1.2–6
Primera visión: La visión de los jinetes.	1.7–17
Segunda visión: La visión de los cuernos y los herreros	1.18–21
Tercera visión: La visión del cordel de medir.	2.1–5
La restauración de Sión.	2.6–13
Cuarta visión: La visión del sumo sacerdote.	3.1–10
Quinta visión: La visión del candelabro y los dos olivos.	4.1–14
Sexta visión: La visión del rollo volando.	5.1–4
Séptima visión: La visión de la mujer y el recipiente.	5.5–11
Octava visión: La visión de los cuatro carros.	6.1–8
La corona.	6.9–15
La adoración que Dios desea: ¡Trabajad por la justicia!	7.1–14
Diez promesas a Jerusalén	8.1–23

3. Análisis de textos claves

1.1 *Título*

El libro comienza con la fecha del oráculo: el octavo mes del segundo año del rey Darío, equivalente a los meses de octubre-noviembre del año 520 a.C. de nuestro calendario. Este versículo ya marca de manera cruda la nueva realidad de la comunidad judía. Los profetas ya no les darán fecha a sus oráculos según el rey de Judá como en el caso de la profecía pre-exílica: «Aconteció en el cuarto año de Joacim hijo de Josías, rey de Judá, que vino esta palabra de Jehová a Jeremías, diciendo:...» (Jer 36.1). En este nuevo contexto de dominio imperial, la comunidad ni siquiera puede fechar sus producciones literarias según sus propios gobernantes. La «palabra de Dios» viene a Zacarías, comenta Juan Calvino «no para que él la guarde para sí, sino para que él sea un fiel transmisor de la misma».

1.2–6 *No seáis como vuestros antepasados. ¡Volved a Yavé!*

Si bien el oráculo contiene algunas particularidades sintácticas y estilísticas, su mensaje es sencillo. La comunidad ha regresado de la experiencia trágica del exilio luego de la destrucción de la ciudad y del templo, y el profeta les recuerda las causas del exilio. Jerusalén está en ruinas porque los antepasados de la presente generación no escucharon ni hicieron caso al mensaje de Dios por medio de los profetas. El texto proclama la futilidad de la existencia humana (los antepasados) cuando se la compara con las palabras y los decretos divinos encomendados a los profetas. Mientras unos son pasajeros, los otros perduran hasta cumplir su cometido: «La hierba se seca y se marchita la flor, mas la palabra del Dios nuestro permanece para siempre» (Is 40.8). El profeta llama a su comunidad a la conversión (Hebreo *shub*) en la tradición más clásica del profetismo: «¡Volved a aquel contra quien se rebelaron gravemente los hijos de Israel!» (Is 31.6). «Deje el impío su camino y el hombre inicuo sus pensamientos, y vuélvase a Jehová, el cual tendrá de él misericordia, al Dios nuestro, el cual será amplio en perdonar» (Is 55.7), «Convertíos, hijos rebeldes, dice Jehová, porque yo soy vuestro esposo; os tomaré, uno de cada ciudad y dos de cada familia, y os introduciré en Sión» (Jer 3.14). ¿Cómo puede ser que luego de haber experimentado la tragedia del exilio y la alegría del retorno a la tierra sea todavía necesario exhortar a la comunidad a volverse a Dios? Por la situación que se observa en los profetas postexílicos y en los libros de Esdras y Nehemías, muchas de las injusticias que los profetas habían denunciado antes del exilio se repetían en la comunidad del segundo templo. Nehemías 5.1–19 relata la queja de una gran parte del pueblo por la opresión que sufría a manos de una minoría: «Entonces hubo gran clamor del pueblo y de sus mujeres contra sus hermanos judíos. Había quien decía: "Nosotros, nuestros hijos y nuestras hijas, somos muchos; por tanto, hemos pedido prestado grano para comer y vivir". Y había quienes decían: "Hemos empeñado nuestras tierras, nuestras viñas y nuestras casas, para comprar grano, a causa del hambre". Otros decían: "Hemos tomado prestado dinero sobre nuestras tierras y viñas para el tributo del rey. Ahora bien, nosotros y nuestros hermanos somos de una misma carne, y nuestros hijos son como sus hijos; sin embargo, nosotros tuvimos que entregar nuestros hijos y nuestras hijas a servidumbre, y algunas de nuestras hijas son ya esclavas, y no podemos rescatarlas porque nuestras tierras y nuestras viñas son de otros"» (Neh 5.1–5). Éstas son la mala conducta y las malas acciones de parte del pueblo. Frente a esta situación el profeta no puede más que seguir llamando a quienes oprimen al pueblo a la verdadera conversión a Dios. Frente al mensaje profético se presentan dos alternativas, la conversión directa o la resistencia al mensaje divino. En caso de optar por esta última, el texto presenta la secuencia siguiente: cólera divina, castigo, y conversión.

1.7–17 *La visión de los jinetes*

Esta segunda sección también comienza con la fecha según el reinado de Darío. En el formato actual del libro la fecha parece incluir del 1.7 al 6.15. Es el día veinticuatro del undécimo mes del segundo año del reinado de Darío, equivalente al 15 de febrero del año 519 a.C. de nuestro calendario. Recordemos el mensaje de Hageo 2.7–9, 21–22: Dios iba a causar una conmoción mundial que resultaría en la liberación del pueblo judío. Parece ser que la conmoción ya había acontecido o con el advenimiento de Ciro en el año 539–8 a.C. o con la crisis previa a la asunción de Darío. Sin embargo la liberación completa no se ha realizado todavía. El mundo está en paz y el pueblo de Dios continúa oprimido. El oráculo nos lleva a la cosmovisión del Cercano Oriente antiguo donde los dioses no eran omniscientes sino que recibían informes acerca de lo que sucedía en la tierra por medio de mensajeros (cf. Job 1.6; 2.1–2; ángel es la traducción griega del hebreo *mal'ak* «mensajero»). El ángel se refiere a la profecía de Jeremías (Jer 25.11–12; 29.10) que establecía setenta años de servidumbre antes de la liberación. Sin embargo estos textos pueden también interpretarse como refiriéndose a la duración de la hegemonía babilónica en el Cercano Oriente antiguo, y no necesariamente a la restauración de Judá. Recordemos que la destrucción de Jerusalén fue en el año 586 a.C. Para el año en que Zacarías tiene la visión, el 519 a.C., faltarían unos pocos años para el cumplimiento de los setenta años, si se cuentan desde el comienzo de la cautividad. Para entonces, si bien se ha producido el regreso, el pueblo todavía no puede ejercer la independencia política. Dios recibe el informe y contesta favorablemente a la solicitud del ángel. Las naciones extranjeras se han excedido en su papel de instrumentos divinos, un motivo que también aparece en el Deutero Isaías: «Siéntate, calla y entra en las tinieblas, hija de los caldeos, porque nunca más te llamarán "soberana de reinos". Me enojé contra mi pueblo, profané mi heredad y los entregué en tus manos; no les tuviste compasión; sobre el anciano agravaste sobremanera tu yugo. Dijiste: "Para siempre seré señora", pero no has pensado en esto ni te has acordado de tu final» (Is 47.5–7). La diferencia entre la perspectiva del Deutero Isaías y Zacarías está en que para el Deutero Isaías, la opresión de Babilonia es una realidad vigente mientras que para el tiempo en que Zacarías pronuncia estos oráculos el control babilónico es cosa del pasado. Sin embargo, a pesar de la caída de Babilonia, la comunidad aún no ha sido restaurada a su esplendor anterior. Llega el momento en el que Dios se acuerde de su pueblo. De manera similar el Deutero Isaías proclamará: «Por un breve momento te abandoné, pero te recogeré con grandes misericordias. Con un poco de ira escondí mi rostro de ti por un momento; pero con misericordia eterna tendré compasión de ti, dice Jehová, tu Redentor» (Is 54.7–8).

1.18–21 *La visión de los cuernos y los herreros*

La visión comienza con una fórmula: «Alcé después mis ojos y tuve una visión», que será utilizada nuevamente en el libro (cp. 5.1 y 6.1). Los cuernos son usualmente símbolos de poder, y aquí apuntan claramente a ejércitos o países (cf. Jer 48.25) que han sido responsables por la destrucción de Judá, Israel y Jerusalén. El número cuatro es utilizado en la Biblia para denotar una totalidad, es decir, la totalidad de los poderes imperiales que han sido responsables por la destrucción de Israel. El Señor mismo tomará venganza de quienes han profanado a su pueblo. Esta sentencia complementa la primera visión en la que se prometía consuelo a Jerusalén pero no castigo a las naciones opresoras.

2.1–5 *La visión del cordel de medir*

La tercera visión nos muestra a Zacarías ya ambientado en el mundo de las visiones. En este oráculo se nos dice que Jerusalén no tendrá murallas, que será habitada por una multitud, que Yavé será como una pared de fuego alrededor de la ciudad y que él habitará en Jerusalén. Los límites de Jerusalén no tendrán medida, tanto será bendecida y crecerá la ciudad, y Dios volverá a ser su protector.

2.6–13 *La restauración de Sión*

La sección comienza con una exhortación a dejar Babilonia (2.6). Como en medio de un cataclismo los exilados son llamados a dejar la ciudad de su cautividad. Dios ha dispersado a su pueblo a los cuatro vientos. La LXX dice: «porque yo voy a reuniros de los cuatro vientos del cielo». El llamado se repite en el vs. 7 seguido por los motivos que provocan tal urgencia (2.7–8). Dios va a ejecutar su juicio contra los opresores porque han osado tocar su más digna posesión (cp. Dt 32.10). «Porque el que os toca, toca a la niña de mi ojo» (2.12). En hebreo la referencia es a la pupila del ojo, la cual es particularmente sensible al tacto. El mensaje de juicio está contenido en el vs. 9. La construcción en hebreo destaca la inminencia de la acción. Dios dará ojo por ojo y diente por diente a los opresores; las naciones que han esclavizado al pueblo judío serán a su vez esclavizadas. Cuando esas naciones sean castigadas, los exilados se convencerán que el profeta es mensajero de Dios. En 2.10–13 Dios exhorta a la «hija de Sión» a alegrarse en anticipación de la liberación que ya viene. Dios habitará en medio de los exilados para confortarlos (cp. Jl 2.27). La trascendencia de la acción divina se vislumbra en el reconocimiento del Dios de Israel por parte de otras naciones (cf. Hag 2.7; Miq 4.1–5; Is 2.2–4) y en la integración del pueblo escogido. Dios habitará entre ellos y será su protector (cp. Jl 2.27). El vs. 2.11 repite la idea de 1.17: Yavé escogerá a Jerusalén como su residencia, Dios tomará posesión de su herencia (cf. Dt 32.9) en la tierra que ahora se hace sagrada por la presencia de Dios. El vs. 13 describe el suspenso antes de la acción divina; el silencio es una muestra de respeto (Hab 2,20; Sof 1.7); toda la creación espera reverente la manifestación divina. Dios, que en el pensamiento del Cercano Oriente antiguo habita en los cielos (cp. Am 9.6), se levanta para ejecutar su sentencia sobre los opresores.

3.1–10 *La visión del sumo sacerdote*

En la cuarta visión Zacarías ve al sumo sacerdote Josué parado delante del ángel de Yavé. A la derecha, está el acusador listo para ejercer su función. La RVR traduce «el Satán» como si estuviéramos aquí frente a un nombre propio y un artículo definido mal utilizado. Debe preferirse la traducción genérica «el acusador» ya que ésta era la función de uno o más ángeles en la corte divina. La teología pre-exílica no reconocía un principio maligno como el desarrollado tardíamente en el período post-exílico por influencia persa (Satanás). Véase, por ejemplo cómo el autor de 1 Crónicas transforma una acción divina considerada de manera negativa en una acción de Satanás ya personificado (sin el artículo): «Se levantó Satanás contra Israel e incitó a David a que hiciera censo del pueblo» (1 Cr 21.1), mientras que el pasaje paralelo en 2 Samuel declara: «Volvió a encenderse la ira de Jehová contra los israelitas, e incitó a David contra ellos diciéndole: "Ve, haz un censo de Israel y de Judá"» (2 S 24.1).

En este texto de Zacarías, a diferencia del caso de Job, al acusador no le será permitido expresarse. A la orden del ángel, los siervos toman las vestiduras sucias de Josué (significando su situación de pecado) y lo visten con ropas inmaculadas apropiadas para su función sacerdotal. El ángel instruye a Josué en las funciones sacerdotales y anuncia que él y su séquito son una señal del renuevo que ha de traer Yavé. El «renuevo» (cp. Jer 23.5–6; 33.15–16) tiene claramente un sentido mesiánico. De acuerdo a 6.12–13 el «renuevo» construirá el templo y asumirá prerrogativas reales. Comentarista judíos medievales (Rashi, Ibn Ezra) han sugerido que ese «renuevo» debía ser entendido como una referencia a Zorobabel cuyo nombre significa «semilla de Babilonia».

4.1–14 *La visión del candelabro y los dos olivos*
La cuarta y la quinta visión se centran en los líderes de la restauración: Josué y Zorobabel. En 4.14 el ángel se refiere a ellos como «los dos ungidos» (lit. «hijos del aceite»). Josué representa el poder religioso y Zorobabel el poder político. Jeremías 33.14–18 parece anticipar que los dos poderes se sostendrán por la promesa divina. Si bien no es sencillo determinar cada detalle de la visión, su mensaje central es claro. En el texto este resumen de significado se aprecia en la respuesta del ángel a la pregunta del profeta. No se le ofrece a Zacarías una explicación de cada detalle de la visión, sino sólo de los componentes esenciales para la transmisión del mensaje: que los ojos de Dios escudriñan toda la tierra (simbolizando la vigilancia de Dios sobre los asuntos humanos) y que los líderes de la restauración cuentan con la unción divina.

Los vs. 6b–10a parecen estar fuera de lugar en el medio de la visión y probablemente se deben a un añadido posterior. Estas «tres palabras sobre Zorobabel» tienen el propósito de enfatizar que con la ayuda de Dios Zorobabel podrá hacer frente a la tarea aparentemente imposible de reconstruir el templo. «No cuentan el valor ni la fuerza, sino solo mi espíritu» (4.6b; BJ), le dice el ángel. No es la disponibilidad de recursos humanos lo que garantizará el éxito de la empresa, sino la unción del espíritu divino (cp. Jl 2.28). Dios se hace presente para anunciar que aun en la carencia y la pobreza, su espíritu tiene el poder para alcanzar la meta. El oráculo no implica un llamado a la inactividad sino una exhortación a la confianza de quienes ya han agotado sus recursos.

5.1–4 *La visión del rollo volando*

El mensaje de esta visión es muy similar al de la siguiente (5.5–11). El profeta ve un enorme rollo volando y es interpelado por el ángel (cp. 4.2). El rollo tiene las dimensiones del pórtico del templo salomónico (1 R 6.3) y del lugar santo en el tabernáculo (Ex 26). Simboliza algo sagrado, pero no en el sentido positivo, ya que de lo que se trata es de una serie de maldiciones (cp. Dt 27.15–26) que por este medio alcanzan a toda la tierra.

5.5–11 *La visión de la mujer y el recipiente*

Cuando el profeta es llamado a alzar los ojos nuevamente, tampoco puede entender a primera vista de lo que se trata. El ángel explica que se trata de una medida de capacidad (lit. «el efá»), por lo tanto entendemos que se nos habla de un recipiente, dentro del cual se halla una mujer: la maldad. La tapa del recipiente es de plomo, dando la idea de una tapa segura. La mujer dentro del recipiente es transportada por dos mujeres aladas a la tierra de Sinar, es decir, Babilonia (Gn 10.10; 11.2). La maldad que ha traído la desgracia a la tierra de Judá es removida de allí y llevada a la tierra enemiga donde se espera que traiga consigo la destrucción merecida.

6.1–8 *La visión de los cuatro carros*

En la octava y última visión, el profeta ve cuatro carros viniendo de entre dos montañas. El ángel que sirve de intérprete de las visiones le informa (6.5) que los cuatro carros son cuatro vientos listos a ejecutar el mandato divino y que además sirven de mensajeros divinos. La interpretación se expande en el vs. 8 donde se anuncia el destino que sufrirán los enemigos del norte, denominación usual para Babilonia (cp. Jl 2.20). Si bien Babilonia se encontraba al este de Judá, debido a la configuración del terreno los ataques de los ejércitos asirios o babilónicos normalmente llegaban a Judá por el norte.

6.9–15 *La corona*

La serie de visiones es seguida por un mandato que, también de manera simbólica, presenta el cumplimiento de la voluntad divina para Judá. Hay un renuevo, una esperanza representada por Josué, quien es aquí coronado con claras connotaciones mesiánicas. Él será el encargado de construir el templo de Dios.

7.1–14 *La adoración que Dios desea: ¡Trabajad por la justicia!*

El libro retoma las palabras de Zacarías luego de aproximadamente dos años. No es probable que el profeta haya estado inactivo durante ese tiempo. Se trata más bien de un silencio editorial. En el cuarto año del rey Darío se le pregunta a Zacarías si todavía es necesario observar el ayuno por la destrucción del templo. Esto sugiere que probablemente la reconstrucción del templo está cercana a su compleción. En respuesta, el profeta señala que tanto la práctica del ayuno como la de consumir alimento es practicada por el pueblo no pensando en Dios sino en sí mismos. En realidad, el profeta no responde directamente a la pregunta sino que reitera el mensaje de los profetas anteriores: Dios no se preocupa acerca de las prácticas alimentarias, sino de la práctica de la justicia. El profeta proclama: «Así habló Jehová de los ejércitos: Juzgad conforme a la verdad; haced misericordia y piedad cada cual con su hermano; no oprimáis a la viuda, al huérfano, al extranjero ni al pobre, ni ninguno piense mal en su corazón contra su hermano» (Zac 7.9–10). Los elementos claves de la adoración que Dios espera se encuentran enumerados en este texto. En primer lugar, Dios espera que la verdad sea la que prevalezca en los tribunales de justicia. A la luz de las prácticas de las comunidades de fe contemporáneas uno se podría preguntar cómo está relacionada la justicia de los tribunales con la adoración del Dios vivo. Para el profeta es una parte esencial. Es en los tribunales donde el pobre debe encontrar defensa contra los abusos de los poderosos. Cuando los jueces no juzgan según la verdad sino según la clase social de los comparecientes, se está ofendiendo al Dios de la justicia. En segundo lugar el profeta proclama que cada uno debe lidiar con su prójimo con «misericordia» y «piedad», dos características regularmente atribuidas al Dios de Israel. La compasión para con nuestros semejantes es un componente esencial de la adoración que Dios acepta. El tercer componente está relacionado con el anterior. Es un mandato a cesar la opresión de los grupos menos favorecidos en la sociedad. La viuda, el huérfano, el extranjero y el pobre representan las clases sociales que no cuentan con la protección de la familia inmediata o extendida. Es responsabilidad de todo el pueblo proveer y hacerse cargo de estos grupos desfavorecidos. En última instancia, Dios espera que la obediencia a estos mandatos se haga desde un corazón sincero, que nadie guarde rencor o planee hacer lo malo en contra de su prójimo.

8.1–23 *Diez promesas a Jerusalén* (cp. Jer 30–31; 33; Ez 36.10–38)
La fórmula introductoria del vs. 8.1 no señala el comienzo de un nuevo oráculo, sino una nueva temática de la profecía que comienza en el vs. 7.4. Allí el profeta reflexiona sobre acciones pasadas mientras que aquí se concentra en el presente, y a partir de allí se proyecta hacia el futuro.

vs. 2. Así dice el Señor de los ejércitos: Dios ama a Jerusalén.
La primera promesa, en el vs. 2, enfatiza el motivo que lleva a Dios a proclamar su bendición: «Así ha dicho Jehová de los ejércitos: tengo celo por Sión (mejor que «celé» como traduce la RVR) con gran celo y con gran ira la celo» (Zac 8.2).

vs. 3. Así dice el Señor de los ejércitos: Volveré a mi amada.
La segunda promesa retoma el tema del regreso de Dios a Jerusalén. El celo de Dios sobre su amada Jerusalén hace imposible que Él permanezca alejado de ella. Dios cela con ira debido a los enemigos de Jerusalén (cp. Neh 1.2). El regreso de Dios a Sión puede entenderse como una certeza. La finalización de la construcción del templo es una de las señales de que Dios volverá a habitar en medio de Jerusalén. En este aspecto Zacarías se aleja de la teología

deuteronomista para la cual Dios habita en los cielos (Dt 26.15) y es su nombre el que se hace presente en la tierra (1 R 14.21), de esta manera resaltando la trascendencia divina. La presencia de Dios en Jerusalén sirve para santificar la ciudad: «Jerusalén se llamará ciudad de la Verdad, y el monte de Jehová de los ejércitos, monte de Santidad» (Zac 8.3). En la Biblia Hebrea el nombre es una señal de la esencia de las cosas. Por tanto, el nombre de Jerusalén reflejará estas cualidades internas de la ciudad. Llamarla ciudad fiel o verdadera, ciudad santa, es equivalente a proclamar la futura fidelidad y santidad de la ciudad que Dios ha escogido para hacer presente su gloria.

vs 4–5. Así dice el Señor de los ejércitos: Veréis a vuestros ancianos y niños poblando las calles.

La tercera promesa de los vs. 4–5 describen un aspecto de la paz en el Cercano Oriente antiguo: el crecimiento de la población. Jerusalén, en paz, Jerusalén la ciudad fiel, Jerusalén la ciudad santa, será repoblada como en tiempos antiguos. Sus niños jugarán en sus calles y la vida de sus mayores no será cortada en la madurez. Se verán ancianos por las calles, y sentados en sus veredas. ¡La paz es una realidad tan menospreciada! El profeta nos presenta aquí algo que muchos dan por descontado, los muchos que nunca han estado cerca de una situación de conflicto armado. La guerra arranca la vida de las ciudades así como la podadora arranca el pasto del jardín. Los niños y ancianos, y las clases más desprotegidas, quedan indefensos cuando la muerte se ha llevado a quienes les proveían de sustento. No es de sorprender que entre los primeros cristianos no era aceptado ser soldado del ejército imperial. Quienes seguían al príncipe de paz, temprano se dieron cuenta que la misión no era traer más muerte a este mundo, sino dar testimonio del Dios de la vida. Del Dios que quiere ver niños jugando por la calles, no desnutridos, o portando un fusil, o soñando con ser mártires del terrorismo trayendo aún más sufrimiento a víctimas inocentes. Del Dios que quiere ver a nuestros ancianos felices, con sus necesidades cubiertas, sentados en las veredas de nuestras casas, y no sufriendo necesidades en el ocaso de su existencia.

vs. 6. Así dice el Señor de los ejércitos: Nada es imposible para mí.

La cuarta promesa es la respuesta divina a la incredulidad. La comunidad que había sobrevivido la destrucción y el exilio sabía lo que era la tragedia de haber sido diezmada. El profeta trae la voz de Dios que llama a la esperanza aun en el contexto de la incredulidad. Dios habitará en la ciudad fiel, la ciudad santa, y allí los niños jugarán y los ancianos disfrutarán de su ancianidad. Nada es imposible para Dios (cp. Jer 32.17, 27; Sal 118.23).

vs. 7–8. Así dice el Señor de los ejércitos: Yo salvaré a mi pueblo y lo traeré a Jerusalén.

En la quinta promesa se comienza a develar el plan de Dios de proveer una nueva experiencia liberadora para su pueblo. El retorno a la ciudad santa no se aplica sólo a los exiliados en Babilonia, sino que Dios recogerá a su pueblo de todos los rincones de la tierra (cp. Is 60.1–9). Dios buscará a sus ovejas y las traerá al redil como buen pastor. Dios traerá a su pueblo de vuelta a Jerusalén para que habite en la tierra de su heredad, la tierra de la promesa. La fórmula del vs. 8 representa la renovación del pacto de Dios con su pueblo. En los documentos legales se denomina a este tipo de fórmula «verba solemnia» y es la declaración pública que efectiviza el establecimiento de una nueva relación legal. En los contratos matrimoniales, la fórmula utilizada es: «Ella es mi esposa y yo soy su marido». Dios se ha reconciliado con su pueblo nuevamente.

vs. 9–13. Así dice el Señor de los ejércitos: No temáis. Cobrad ánimo.

Dios declara que cambiará de actitud respecto del pueblo. En lugar de sembrar discordias para que ningún proyecto pueda concretarse, Dios ahora los bendecirá: la tierra dará su cosecha y el cielo dará su rocío.

vs. 14–17. Así dice el Señor de los ejércitos: Volved a practicar la justicia.

En la sexta promesa, Dios da testimonio de cómo planeaba traer el mal a los antepasados del pueblo y no se arrepentía. Pero ahora, la situación es distinta. Dios cambiará su actitud, mas también debe cambiarla el pueblo: «Estas son las cosas que habéis de hacer: Hablad verdad cada cual con su prójimo; juzgad según la verdad y lo conducente a la paz en vuestras puertas. Ninguno de vosotros piense mal en su corazón contra su prójimo, ni améis el juramento falso, porque todas estas son cosas que aborrezco, dice Jehová» (Zac 8.16–17).

vs. 18–19. Así dice el Señor de los ejércitos: Transformad el ayuno en gozo.

La reforma litúrgica acompaña el establecimiento de la justicia: «Amad, pues, la verdad y la paz» (Zac 8.19).

vs. 20–22. Así dice el Señor de los ejércitos: Todos los pueblos adorarán al Señor en Jerusalén.

En la novena promesa Jerusalén se convierte en centro de peregrinación de todos los pueblos. La prueba final que de Sión sale la enseñanza de Dios y que Israel es su heredad.

vs. 23. Así dice el Señor de los ejércitos: Dios está con vosotros, pueblo de Judá.

En la décima promesa, todos los pueblos reconocen al pueblo judío y a su Dios. Esta esperanza ha sido pisoteada en los últimos veinte siglos por una Iglesia que ha excluido hasta no hace mucho al pueblo escogido de los planes de Dios. Fue necesario el asesinato de seis millones de judíos para que Occidente abriera los ojos al antisemitismo inherente de muchas de las posturas oficiales del cristianismo. Mas Dios no ha abandonado a su pueblo, pues «En aquellos días acontecerá que diez hombres de las naciones de toda lengua tomarán del manto a un judío, y le dirán: "Iremos con vosotros, porque hemos oído que Dios está con vosotros"» (Zac 8.23).

El Deutero Zacarías (Zac 9.1–14.21)

Mencionamos al inicio de este capítulo el hecho de que la mayoría de los biblistas están de acuerdo que los capítulos 9–14 del libro de Zacarías no se originan en el profeta sino que provienen de una época posterior. Los oráculos que componen esta sección provienen de autores y contextos diversos.

1. El nuevo contexto histórico

Las referencias históricas en los capítulos 9–14 son realmente escasas y poco claras, consiguientemente, resulta difícil establecer un contexto histórico preciso. Diversos especialistas coinciden en colocar la edición final de estos oráculos a finales del siglo IV o principios del III a.C., en el horizonte de las campañas de Alejandro Magno.

2. Estructura

Dios promete un futuro para su pueblo	9.1–8
Un nuevo rey y su reinado	9.9 –10.2
Castigo a los culpables y repatriación del pueblo	10.3–11.3
Ovejas y pastores	11.4–17
Dios creará un mundo nuevo	12.1–13.6
Mirad que llega el día del Señor	14. 1–21

3. Análisis de textos claves

9.1–8 *Dios promete un futuro para su pueblo*

Este oráculo anuncia el juicio divino contra los dominios seléucidas. La condena comienza por el nordeste y de allí procede hacia el sur: Siria, Fenicia, y Filistea serán castigadas. Recordemos que luego de la muerte de Alejandro Magno (323 a.C.) sus dominios del Cercano Oriente antiguo se dividieron entre los Ptolomeos con base en Egipto y los Seléucidas con base en Siria, quienes se alternaron el dominio sobre Palestina hasta el período Hasmoneo. El profeta establece el dominio de Dios no sólo sobre las tribus de Israel sino sobre todo el territorio Sirio-palestino. David había reinado no sólo sobre Israel, sino que también había tenido como vasallo a Damasco (2 S 15.10; 19.10; 24.2). El vs. 7 se explica a partir de la creencia judía que la sangre pertenece a la deidad (Lv 27.12; 19.26) y que consumirla indicaba ignorancia o una ofensa deliberada contra Dios. El juicio de las naciones sirve de preludio a la acción salvadora de Dios que se describe en los siguientes versículos.

9.9–10.2 *Un nuevo rey y su reinado*

Estos versículos presentan ciertas dificultades para su interpretación. La llegada del nuevo rey se entronca en la tradición davídica (cp. el regreso humilde de David a Jerusalén en 2 Samuel 1). El burro era la cabalgadura de los jueces mientras que los reyes preferían mulas. Este nuevo rey es un rey justo (Heb. *tzaddiq*), liberador (o salvador), y humilde. Su programa conlleva la destrucción de las armas de guerra (carros y caballos, arcos de guerra) y la instauración de la paz. Su dominio será extensivo. Para entender mejor esta figura comentaremos brevemente los calificativos que se le atribuyen. En primer lugar, el nuevo rey es un *tzaddiq*, es decir, un justo. Mas la aplicación de este adjetivo en el contexto de la realeza también podría traducirse «legítimo». Una inscripción fenicia del período helenístico proveniente de Chipre incluye ofrendas «para el legítimo heredero» (*KAI* no. 43.11), refiriéndose probablemente a Ptolomeo II Filadelfos. Véase, por ejemplo, la aplicación de este título en el profeta Jeremías: «Vienen días, dice Jehová, en que levantaré a David renuevo justo (*tzaddiq*), y reinará como Rey, el cual será dichoso y actuará conforme al derecho y la justicia en la tierra» (Jer 23.5); «En aquellos días y en aquel tiempo haré brotar a David un renuevo justo (*tzedaqah*), que actuará conforme al derecho y la justicia en la tierra» (Jer 33.15). Parece mejor en todos estos casos hablar de un heredero «legítimo» y, por lo tanto, traducir el hebreo *tzaddiq* en Zacarías 9.9 como «legítimo». El segundo adjetivo es un participio verbal basado en la raíz hebrea *ysh'* que lleva el sentido de «salvación, liberación», no en un sentido inmaterial o espiritual sino en un sentido material y socio-político (de esa raíz viene el nombre Josué). Este nuevo rey es un rey «legítimo y liberador». Sin embargo hay algo más que se añade. La palabra hebrea es *'ani* (lit. «pobre»). Veamos como queda la traducción luego de estas correcciones:

«¡Alégrate mucho, hija de Sión! ¡Da voces de júbilo, hija de Jerusalén! Mira a tu rey que viene a ti, (un rey) legítimo, liberador es él; pobre y cabalgando sobre un burro, sobre una cría de burra» (Zac 9.9). El nuevo rey no viene de la clases opulentas sino de las clases menos pudientes de la sociedad. Él es quien liberará a los oprimidos y a los cautivos. El proclamar a este rey como legítimo implica denegar la legitimidad del soberano de turno. La legitimidad de este rey declara automáticamente la ilegitimidad de cualquier otro rey. Su condición de pobre y oprimido (la raíz hebrea permite ambos sentidos) lo identifica no con las clases dominantes sino con las dominadas. No es desde el poder de los adinerados que Dios va a enviar a su liberador para traer paz a la tierra, sino desde los pobres y oprimidos.

El vs. 9 proclama que «Él destruirá los carros de Efraín y los caballos de Jerusalén; los arcos de guerra serán quebrados, y proclamará la paz a las naciones» (Zac 9.10). La destrucción de las armas y carros de guerra implica la destrucción de los instrumentos de opresión de la clase dominante. Debe enfatizarse que el texto no proclama un desarme universal. Es un desarme unilateral que sólo se aplica a Israel y Judá. Desde tiempos inmemoriales los pobres han peleado las guerras de los ricos y muerto por defender los privilegios ajenos. ¿Cuántos hijos de líderes políticos mueren en las guerras que los países emprenden? ¿Cuántos hijos de millonarios? Los que mueren son los más desfavorecidos por la sociedad. Es por eso que este nuevo rey destruye las armas de Efraín y Jerusalén. Luego que las armas son destruidas, el nuevo rey «proclamará la paz a las naciones» (Zac 9.10). Es decir, primero un desarme unilateral, dando el ejemplo del camino a seguir, y luego un programa de paz internacional.

La tercera parte del vs. 10 manifiesta que «Su señorío será de mar a mar, desde el río hasta los confines de la tierra» (Zac 9.10). Paradójicamente, la explicación de la RVR, edición de estudio, concluye que éste es un dominio universal, para luego aclarar —correctamente— que la expresión «de mar a mar» se refiere al territorio entre el Mar Muerto y el Mar Mediterráneo. Lo cierto es que este texto, contra lo que la mayoría de los comentaristas deducen, no proclama un reinado universal sino el cumplimiento de la promesa a Abraham: «Aquel día hizo Jehová un pacto con Abram, diciendo: "A tu descendencia daré esta tierra, desde el río de Egipto hasta el río grande, el Éufrates"» (Gn 15.18). Este nuevo rey ejercerá su dominio sobre el territorio prometido.

Los vs. 13–15 dan la impresión de un nuevo rebrote militarista. La mención de los griegos nos hace colocar este pasaje luego de las conquistas de Alejandro Magno y en el contexto de las dominaciones ptolomeas y seléucidas sobre Israel, 318–198 a.C. y 198–167 a.C. respectivamente.

10.3–11.3 *Castigo a los culpables y repatriación del pueblo*

Esta sección desarrolla tres temas: el castigo a los líderes, la acción salvífica de Dios al repatriar a su pueblo, y el castigo a las potencias internacionales Egipto y Asiria, que en este texto son los Ptolomeos y los Seléucidas. De esta manera se hace manifiesto al lector que Dios no sólo redime a su pueblo de la diáspora, trayéndolo de vuelta a la tierra prometida, sino que castiga a los responsables del sufrimiento del pueblo: los líderes y los países extranjeros que han oprimido a Israel.

El texto trae a la memoria las imágenes del éxodo de Egipto pero con un tono más militarista. Es Dios mismo quien cabalga sobre su pueblo y lo guía en la batalla. Se destaca el hecho de que es el pueblo mismo quien provee los materiales para las tiendas sin necesidad de importar o adquirir nada fuera de la comunidad. Los jinetes representan la caballería de los opresores, arma que garantiza la superioridad sobre un ejército de infantería. Sin embargo, la acción de Dios a favor de su pueblo provoca que la caballería enemiga sea avergonzada «y lo débil del mundo escogió Dios para avergonzar a lo fuerte» (1 Cor 1.27).

El vs. 8 describe el retorno del pueblo a la tierra prometida. Dios los llama con un silbido y el pueblo reconoce el llamado y retorna. En lugar de la propuesta de la RVR, el vs. 9 debe traducirse «aunque los dispersé por las naciones, en esos lugares distantes ellos me recordarán, escaparán con sus hijos y retornarán», enfatizando que aun en el exilio el pueblo escuchará el llamado divino a volver a Sión y a Jerusalén.

11.4–17 *Ovejas y pastores*
Este es un oráculo bastante complicado para el exegeta por varios motivos. Es posible incluso modificar el orden del texto para incluir a continuación del vs. 17 los vs. 7–9 del capítulo, ya que estos también giran alrededor de la imagen del pastor. Hay razones, sin embargo, para mantener el orden canónico, y así procedemos en el comentario.

La sección comienza con una introducción que resulta familiar dentro del corpus profético: «así dice el Señor», para continuar con un mandato: «apacienta mis ovejas destinadas a la matanza». Estas ovejas son el pueblo de Dios a los que asolan pastores corruptos que se enriquecen a costa de ellas. La injusticia de tal proceder y la condena de Dios sobre tal conducta se hace evidente en el texto: La responsabilidad de los pastores es cuidar de las ovejas pero ellos hacen lo opuesto, y encima, no sienten siquiera culpa y bendicen a Dios por su enriquecimiento ilícito. ¡Cuántas veces somos testigos de esta conducta en nuestra sociedad! El rico se enriquece a costa de los pobres y en lugar de sentir remordimiento, da gracias a Dios por la supuesta «bendición» de su enriquecimiento. Dios nos revela que eso no es su voluntad. El pasaje proclama la responsabilidad de los líderes por el sufrimiento del pueblo y la condena divina de tal situación. El vs. 6 proclama el castigo de los responsables. Nuevamente, es un error entender que es un castigo universal. Dios castiga a los responsables de la opresión, no a su pueblo. En el vs. 7a se nos aclara que los pobres del rebaño son el pueblo de Dios, y frente a la falencia de los pastores, Dios manda a Zacarías a pastorearlos.

A continuación el profeta va a anunciar las consecuencias de tal situación de injusticia. No sólo tres pastores son rechazados, sino que el pacto de Dios con el pueblo de Israel queda roto. Una sociedad donde existe tal injusticia, donde el rico se enriquece aun más a costa del pobre, donde los pobres son enviados al matadero sin remordimiento…, tal pueblo no puede proclamar que está en una relación pactual con Dios. La rotura del pacto es una señal para los pobres (vs. 11): Dios no acepta la injusticia vigente en tal sociedad y que se utilice su nombre para sancionar tal estado de cosas. El pacto se rompe por las injusticias de los ricos y de los líderes políticos (los pastores).

La escena que sigue, vs. 11–13, describe al profeta que ha ejercido de pastor pidiendo la remuneración por su trabajo. Treinta piezas de plata es una expresión que se utilizaba en el Cercano Oriente antiguo para denotar un precio irrisorio. Es decir, los que han ofrecido esa suma insultan de esa manera al profeta. A continuación el profeta continúa con su acción simbólica y rompe el segundo cayado. La RVR lo traduce «ataduras» y simboliza la unión de Judá e Israel.

Los vs. 15–17 introducen un nuevo acto simbólico y una explicación de lo que ha de acontecer. Dios hará subir un nuevo rey (un pastor) que hará todo lo contrario de lo que se espera de un rey justo. A través de la simbología del pastor y sus ovejas, el profeta describe a este rey como alguien que en lugar de cuidar a los desvalidos, los oprime; alguien que no curará a los enfermos ni se preocupará por los pobres. Esto es lo opuesto de lo deseado por Dios, y es por eso que el vs. 17 explicita la condena divina contra tal pastor. Algo que los gobernantes de este mundo debieran recordar cuando, implementando políticas que oprimen aun más a los oprimidos y negando la salud a los enfermos, proclaman su fidelidad al Dios de la Biblia. «¡Ay del pastor inútil que abandona el ganado! ¡Que la espada hiera su brazo y su ojo derecho! ¡Que se le seque del todo el brazo y su ojo derecho quede enteramente oscurecido!» (Zac 11.17).

12.1–13.6 *Dios creará un mundo nuevo*

El vs. 12.1 constituye el prólogo a Zacarías 12–14. El objeto del oráculo es Israel, si bien luego se especificará que se trata más que nada de Judá y de Jerusalén, el hogar de la comunidad postexílica. Dios se define como quien no sólo ha creado los cielos y la tierra, sino también la vida humana: «Este es un mensaje del Señor acerca de Israel. El Señor, que ha extendido el cielo, y ha puesto base a la tierra, y ha dado vida al hombre, afirma...» (Zac 12.1; DHH). El Dios de Israel es el Señor de la historia y, por lo tanto, sus designios siempre se realizan, aun cuando las apariencias nos lleven a dudar de su presencia. Las naciones extranjeras sitian a Jerusalén; pero Dios está con su pueblo. «En aquel día yo pondré a Jerusalén como una piedra pesada para todos los pueblos; todos los que intenten cargarla serán despedazados» (Zac 12.3). El vs. 10 nos habla del espíritu que se derrama sobre la casa de David. La efusión del espíritu de Dios aparece mencionada en otros textos (Ez 37.5; 39.29; Jl 3.1ss; Is 42.1; 44.3). Sin embargo esta mención conlleva un aspecto peculiar. El espíritu es «un espíritu de gracia y de oración» de acuerdo a la RVR, aunque parece mejor traducir «un espíritu de compunción y de pedir perdón» como lo hace la Biblia del Peregrino, para luego describir el lamento sobre un personaje cuya identidad ha escapado los intentos de identificación de los exegetas bíblicos. ¿Quién es éste que ha sido traspasado? Este término se utiliza en la Biblia para referirse a quienes han muerto en combate por medio de la espada u otro instrumento cortante (cf. Nm 25.8; Jue 9.54; 1 S 31.4; Is 13.15; Jer 37.10; 51.4). Ciertamente no se refiere a Dios, como la traducción de la RVR implica. En la Biblia Hebrea no hay ninguna referencia a que el humano pueda «traspasar» a Dios. El pronombre relativo que conecta la oración permite interpretar al «traspasado» como una persona o como un grupo. Una mejor traducción la ofrece la versión en inglés de la Jewish Publication Society, donde el lamento se hace a Dios por aquellos que han sido muertos. En esta misma línea, el Targum Jonatán traduce, «Y ellos suplicarán a mí por causa de su exilio. Y mirarán hacia mí para quejarse por aquellas personas que fueron abatidas en el exilio». Otra posibilidad es ver en este texto una referencia a un personaje, como lo hace la Biblia de Jerusalén, interpretando que el lamento es por un hombre que ha sido abatido. Si así fuera el caso, el texto podría referirse a la muerte en batalla del rey Josías (2 R 23.29). «El llanto de Hadad-rimón en el valle de Meguido» (Zac 12.11) se refiere al duelo por una deidad que muere y por la que se eleva un lamento ritual (cp. Ez 8.14). Sorprende que el duelo se realice por separado. Ibn Ezra nota que estas familias se mencionan debido a su importancia futura en el momento de la redención final.

El vs 13.1 comienza un nuevo párrafo con una nueva mención de «Aquel día». La hora de la purificación llegará y con ella la erradicación de todos los ídolos y los falsos profetas contaminados con espíritus ajenos a Dios.

14.1–21 *Mirad que llega el día del Señor*

Este nuevo párrafo, que nuevamente se refiere al día del Señor, proclama que en tal día se manifestará el reinado de Dios en todo el mundo: «Ese día reinará el Señor en toda la tierra. El Señor será el único, y único será también su nombre» (Zac 14.9; DHH). Como en otros oráculos similares, el día del Señor conlleva tanto la restauración de Israel como el castigo a los pueblos que han oprimido al pueblo de Dios: «Pero a las naciones que hayan luchado contra Jerusalén, el Señor las castigará duramente: a su gente se le pudrirá la carne en vida, y se le pudrirán los ojos en sus cuencas y la lengua en la boca» (Zac 14.12; DHH).

Un aspecto sobresaliente del establecimiento del reino de Dios es que ya no se hace diferencia entre cosas o utensilios consagrados y no consagrados. Todo será declarado consagrado al Señor (Zac 14.20–21a). Y no habrá necesidad de mercaderes en el templo, pasaje que citan los evangelios cuando Jesús actúa contra la elite religiosa de Jerusalén (Mt 21.12–13). El mundo entero se transforma en templo para adorar a Dios.

4. Visión de conjunto

Aun en medio de lo difícil que es interpretar algunos de sus oráculos, el libro de Zacarías nos transmite algunas enseñanzas trascendentes. La enseñanza de los anteriores profetas se acepta ya casi como normativa en la prédica del libro (1.4; 7.12), lo que muestra el valor de la tradición profética. Se puede percibir dentro de esta tradición cómo se pasa de un nacionalismo —durante la monarquía—donde Dios es un Dios nacional, a un internacionalismo y universalismo donde el escenario de la manifestación divina es toda la creación y se espera que algún día todos los pueblos reconozcan al Dios de Israel (2.11; 6.15; 8.23; 14.16). Dentro del mismo libro se ve una evolución, debido a las diferentes ediciones y añadidos. La primera parte del libro pone el énfasis en la reconstrucción del templo (1.16; 3.7; 4.9; 7.3; 8.9) mientras que en la segunda se plantea una situación donde el templo es todo el orbe (14.20, 21).

Finalmente, otra contribución de Zacarías, en la misma línea que los profetas clásicos, es que el ayuno y el culto no tienen valor si no están acompañados de justicia y misericordia (8.16, 17).

L. Malaquías

(«Mi mensajero»)

El último libro profético contenido en el Libro de los Doce (tanto en la Septuaginta como en el Texto Masorético) pertenece a un autor anónimo. Malaquías (hebreo *mal'aky*) significa «mi mensajero». Malaquías no es un nombre propio y es un error titular este libro de tal forma. La traducción aramea de la Biblia, el Targum, identificó a este profeta con Esdras, lo que fue aceptado por algunos Padres de la Iglesia primitiva. La traducción griega de la Biblia, la LXX, interpretó este nombre simplemente como el título del libro. Por eso incluimos en nuestro comentario el título de «Mi Mensajero», ya que esto hace justicia al texto bíblico.

Malaquías es uno de los libros más citados en los escritos apostólicos. Mal 3.1 aparece citado en Mr 1.2; Lc 1.17, 76; 7.19, 27; Jn 3.28. Además, Mal 3.23 se cita en Mt 17.10–11; Mr 9.11–12; y Lc 1.17. Ambos textos hacen referencia a un mensajero, y los escritos apostólicos interpretan que Juan el Bautista es quien ha cumplido esta profecía. Mal 1.2–3 es citado por Pablo para reafirmar la elección de Jacob sobre Esaú (Rom 9.13).

1. El profeta y su contexto

Si bien debemos aceptar que este texto nos lo ha legado un autor que no podemos identificar, la mayoría de los biblistas datan el libro de «Mi Mensajero» en el período inmediatamente anterior al retorno de Esdras del exilio. El argumento para tal fecha se deduce de la situación descrita en el libro: las ofrendas no se realizan de la manera apropiada, los habitantes de Judá están casados con mujeres cananeas, etc., situación ésta que Esdras se abocó a remediar. Si bien las fechas y la correlación de las misiones de Esdras y Nehemías son todavía objeto de debate, podemos trabajar con esta cronología relativa y colocar el libro durante el siglo V a.C. La forma final del libro parece reflejar la controversia entre el mensajero divino y sus opositores. Algunos biblistas separan este grupo en dos: quienes pertenecen al pueblo de Dios y quienes no son parte de él, posiblemente refiriéndose a los samaritanos.

2. Estructura del libro

Título	1.1
Dios elige a Jacob	1.2–5
Reproche a los sacerdotes	1.6–2.9
Justicia y lealtad	2.10–16
La retribución divina	2.17–3.7
Consecuencias de defraudar a Dios	3.8–12
El día de juicio	3.13–18
El amanecer de la justicia	4.1–6

3. Análisis de textos claves

1.1 *Título*

«Profecía. Palabra de Jehová contra Israel, por medio de Malaquías» (Mal 1.1) ha dado lugar a diferentes interpretaciones asociadas con los pasajes de Zacarías (9.1 y 12.1) donde se utiliza una fórmula similar. Esto ha llevado a algunos biblistas a considerar

Malaquías como un apéndice a Zacarías. Un análisis detallado de estos pasajes lleva a la conclusión que las similitudes son aparentes. La palabra hebrea *masa'* («oráculo», «profecía») se utiliza aquí en sentido absoluto e indica un nuevo comienzo. Hay razones de peso para considerar Malaquías como una composición independiente de Zacarías. La traducción de la RVR «contra Israel» no se justifica y debe leerse en su lugar «sobre Israel».

1.2–5 *Dios elige a Jacob*

El contenido de los versículos 2–5 provee el fundamento de las exhortaciones que siguen a continuación. La expresión «Yo os he amado, dice Jehová» (Mal 1.2) no debe entenderse en un sentido sentimental. «Amar» en la Biblia Hebrea funciona en este contexto en el sentido legal de «elegir, privilegiar, poner en primer lugar». Lo mismo sucede con la expresión «a Esaú aborrecí» (Mal 1.3a), que debe entenderse en el sentido legal de «degradar», poner en segundo lugar». De la misma manera debe interpretarse la expresión «Si alguno viene a mí y no aborrece a su padre, madre, mujer, hijos, hermanos, hermanas y hasta su propia vida, no puede ser mi discípulo» (Lc 14.26).

1.6–2.9 *Reproche a los sacerdotes*

El segundo discurso del profeta pone en boca de Dios el reclamo de la honra debida por hijos y siervos a sus padres y señores (cf. Ex 20.12; Pr 13.1; 19.26). La condena se dirige específicamente contra los sacerdotes, quienes parecen no darse cuenta de lo que están haciendo para ofender a Dios. Ante esto Dios responde en detalle: en lugar de los mejores productos, se está ofreciendo alimento inmundo (es mejor traducir aquí el hebreo por «alimento» en lugar de «pan» como traduce la RVR), animales ciegos y animales cojos o enfermos, lo cual estaba prohibido (cf. Dt 15.21; Lv 22.2). Algo que no presentarían a un gobernador era presentado a Dios. Tal actitud despierta la condena divina. El nombre de Dios es reconocido entre las naciones extranjeras (1.11), mas su pueblo lo profana ofreciendo sacrificios inapropiados. La maldición de Dios está sobre el que teniendo en abundancia de los animales saludables necesarios para el sacrificio ofrece un animal enfermo. Los sacerdotes son responsables ante Dios, y sufrirán la maldición divina. El castigo purificará la casta sacerdotal.

Los vs. 5–7 definen la función del sacerdote de manera más amplia que la tradicional función sacrificial. El sacerdote es mensajero de Dios, buscador de la justicia y la paz, es quien exhorta a la conversión y aparta al pueblo de hacer el mal. Es quien debe instruir al pueblo acerca de la voluntad divina.

Los vs. 8–9 describen lo opuesto de lo enunciado previamente. En lugar de cumplir la función para la que fueron establecidos, los sacerdotes no han guardado los caminos de Dios y de esta manera han hecho tropezar a muchos. Han juzgado de manera prejuiciosa y por lo tanto se han hecho acreedores del rechazo de Dios. La función del liderazgo religioso se ejercita primordialmente con el ejemplo.

2.10–16 *Justicia y lealtad*

Luego de concentrarse en los sacerdotes, el profeta parece dirigirse a todo el pueblo de Israel en su tercer discurso. Sin embargo, la profanación del santuario (vs. 11) cae también dentro del campo de responsabilidad del liderazgo religioso. El tema es la fidelidad, y la metáfora utilizada es la del matrimonio. Para entender este pasaje debemos pues entender que en Israel no existía la prohibición de casarse con más de una esposa. El vs. 11 habla de un segundo matrimonio. Dios estaba casado con Israel, pero el pueblo de Dios decide casarse nuevamente con «la hija de un Dios extraño». Este segundo matrimonio no se realiza luego de haberse divorciado Israel de Dios (como es el caso de Os 2.4–25), sino que Israel trae una nueva esposa al santuario. Lo que sucedía habitualmente, y sobreentiende el pasaje, es que la segunda esposa tomaba el lugar de preeminencia, de favorita, poniendo a la anterior esposa en una situación muy difícil y humillante. Esta es la deslealtad de la que habla el vs. 14. Resaltemos: Dios es la mujer de la juventud de Israel, mas Israel ha puesto a Dios en el rol de esposa subordinada al casarse nuevamente con «la hija de un dios extraño». No hay mención ninguna de un divorcio previo, y ése es el verdadero problema, como aclara el vs. 16. Todo el pasaje habla de Israel y sus dos esposas, Dios y los dioses paganos.

El vs. 16 merece una explicación detallada. Tradicionalmente se ha traducido «Porque dice Jehová, Dios de Israel, que él aborrece el repudio» (Mal 2.16). Esta traducción asume que el verbo hebreo *shallach* («expulsar», «divorciar») está en infinitivo absoluto. Lo cierto es que la forma hebrea *shallach* también puede leerse como un imperativo, lo que cambia radicalmente el sentido. Aceptando este cambio el versículo debería traducirse «pero si tú la odias, expúlsala (divórciala)». Odiar aquí también tiene el sentido de degradar o bajar de estatus. La situación que el texto trata de remediar es la descrita anteriormente entre Dios e Israel. Un hombre se casa con una mujer, mas luego de un tiempo decide casarse nuevamente y degradar a la primera esposa de esposa principal a esposa secundaria. Una es la esposa «amada» y la otra es la esposa «odiada» (en el sentido legal de los términos explicado más arriba). Un ejemplo de esto lo vemos en la historia de la «amada» Raquel y la «menospreciada» Lea (Gn 29.30–31). Los textos bíblicos de Qumrán apoyan esta traducción. La versión de Malaquías 2.16 en el manuscrito de Qumrán 4QXIIa claramente refleja esta manera de entender el pasaje. No se trata de que Dios odie el divorcio, sino que Dios aborrece la situación en la que una esposa es denigrada o rebajada a segunda esposa y, en vez de darle un documento de divorcio para que pueda volver a su casa paterna, el marido decide mantenerla en esa posición humillante de esposa secundaria. De esta manera es que «se oculta la crueldad en sus vestidos» (mejor traducción que «y al que mancha de maldad su vestido», Mal. 2.16). En estos casos, el divorcio es lo que requiere Dios, y no el mantener una situación de humillación constante de la mujer. Debemos también recordar que quien podía «darse el lujo» de tener dos esposas no era el jornalero pobre, sino personajes de clase media alta.

2.17–3.7 *La retribución divina*

Este pasaje, el cuarto discurso del profeta, retoma el tema de la supuesta ignorancia de los hijos de Leví, lo que se hace explícito en 3.3. La acusación es que se han tergiversado los valores a tal punto que los líderes religiosos claman «Cualquiera que hace mal, agrada a Jehová; en los tales se complace» (Mal 2.17). Esto está en profunda contradicción con las enseñanzas de Deuteronomio: «Porque es abominable para Jehová cualquiera que hace estas cosas, y por estas cosas abominables Jehová, tu Dios, expulsa a estas naciones de tu presencia»; y «Porque abominable es para Jehová, tu Dios, cualquiera que hace esto, y cualquiera que hace injusticia» (Dt 18.12; 25.16). Pero parece que la supuesta inactividad divina lleva a los sacerdotes a preguntar «¿Dónde está el Dios de justicia?» (Mal 2.17). La respuesta divina se manifiesta con el envío de un mensajero que preparará el camino para la venida de Dios mismo a retomar control sobre su propio templo. La purificación de los hijos de Leví causará que puedan traer sus ofrendas «en justicia», que en este caso significa ofrendas legítimas, de acuerdo a lo ordenado por Dios. Sólo entonces serán las ofrendas gratas a Dios.

La purificación del servicio cultual va acompañada por la purificación de la situación socio-política. El juicio de Dios se manifiesta expresamente contra «hechiceros y adúlteros, contra los que juran falsamente; contra los que defraudan en su salario al jornalero, a la viuda y al huérfano, contra los que hacen injusticia al extranjero» (Mal 3.5). Es decir, este versículo ofrece la respuesta a la pregunta que inicia este pasaje (cf. 2.17). Dios ejecuta su juicio contra los que oprimen a los más desfavorecidos, demostrando que los que hacen mal no agradan a Dios y que su juicio y condena es inminente. El Dios de justicia no permanecerá oculto para siempre. Los que sufren injusticias en las cortes a manos de los poderosos, los jornaleros —documentados e indocumentados— que se ven defraudados por sus empleadores, los extranjeros..., todos ellos recibirán justicia.

3.8–12 *Consecuencias de defraudar a Dios*

El quinto discurso del profeta se inicia en el vs. 8 retomando el tema de la supuesta ignorancia del pueblo frente a las demandas divinas: «¿En qué hemos de volvernos?» (Mal 3.7); «¿En qué te hemos robado?» (Mal 3.8) clama el pueblo. Dios responde reclamando los diezmos y ofrendas que se le deben. Si el pueblo cumple, la recompensa divina será multiplicar las bendiciones sobre el pueblo. «Todas las naciones os dirán bienaventurados, porque seréis tierra deseable, dice Jehová de los ejércitos» (Mal 3.12).

3.13–18 *El día de juicio*

En su sexto y último discurso el profeta confirma que Dios no permanecerá impasible frente a la injusticia. Lo hemos dividido en dos secciones, 3.13–18 y 4.1–6. Esta nueva sección comienza de manera similar a las anteriores con una pregunta del pueblo: «¿Qué hemos hablado contra ti?» (Mal 3.13) le reclaman a Dios. El profeta debe entonces enfrentar los argumentos de quienes no ven ningún provecho en guardar los mandamientos divinos. La realidad contradice la doctrina tradicional de la retribución divina: «Hemos visto que los soberbios son felices, que los que hacen impiedad no solo prosperan, sino que tientan a Dios, y no les pasa nada» (Mal 3.15). Tal doctrina contradice lo que se ve a diario en este mundo, tanto en tiempos del antiguo Israel como en el siglo veintiuno. Mas Dios promete que el día de la justicia llegará: «Entonces os volveréis y discerniréis la diferencia entre el justo y el malo, entre el que sirve a Dios y el que no le sirve» (Mal 3.18).

4.1–6 *El amanecer de la justicia*

La última sección del libro de Malaquías, una continuación del discurso iniciado en 3.13, concretiza la descripción de la irrupción de la justicia divina en este mundo. Será una justicia compensatoria, alegría para los justos, llanto para los malvados. Los malos serán pisoteados, no por Dios, sino por los justos. De igual manera, en el *Magnificat* de María (Lc 1.46–55) la actuación divina trae una buena noticia, mas no para todos, sino sólo para los justos. El destino de los malos será convertirse en ceniza bajo los pies de los justos.

El libro concluye con la promesa del envío de Elías para llamar a la conversión antes que llegue el Día de Yavé. Los vs. 22–24 tratan probablemente de explicar el vs. 3.1 identificando al futuro mensajero divino. Recordemos que Elías no había muerto sino ascendido a los cielos (2 Reyes 2). Estos versículos traen a cuentas a la vez la figura de Moisés como recordatorio que la obediencia a los mandamientos divinos es la esencia de la vida de Israel (cf. la transfiguración en Mt 17.3ss). El juicio divino podrá evitarse obedeciendo el llamado a la conversión del profeta enviado por Dios.

4. Visión de conjunto.

El libro de Malaquías trata temas diversos de gran significado actual para las comunidades de fe. Su mensaje proclama la unidad del pueblo de Dios a la vez que distingue a quienes obedecen los mandamientos divinos de quienes los menosprecian. Su condena del formalismo cultual nos recuerda las duras críticas de los profetas pre-exílicos a los sacrificios ejecutados en ausencia de justicia social.

III. Epílogo

¿Quién es «mi pueblo» en los profetas?

El tópico «pueblo de Dios» aparece como un concepto rico de matices en los profetas. Primordialmente el concepto debe entenderse como refiriéndose al pueblo de Israel, el pueblo escogido por Dios, a quien el Señor rescató de la opresión de Egipto, guiándolo por el desierto hasta alcanzar la tierra prometida. Ciertamente las investigaciones recientes acerca de la emergencia de Israel en Canaán rechazan la versión simplista de estos eventos presentada en la narración bíblica. Sin entrar en detalles acerca de la historia de las diversas tradiciones puede afirmarse que el sentido de la elección, del pacto (con el pueblo en la tradición del Norte, en Israel, y con la casa de David en la tradición de Judá) y de la donación de la tierra pertenecen a la conciencia colectiva del pueblo desde tiempos antiguos. Israel (y Judá) son el pueblo escogido, pueblo a quien Dios ama y a quien ha dado sus mandamientos. Dentro de los profetas, sin embargo, puede detectarse una distinción adicional a partir de la oposición opresor-oprimido, rico-pobre, privilegiados-excluidos. Dentro de estas dicotomías los profetas entienden que quienes, aún siendo parte del pueblo, oprimen a los pobres, a las viudas, a los extranjeros, se convierten en no-pueblo precisamente por esta conducta que va en contra de la esencia del ser divino.

La esperanza en la justicia divina

Los profetas de Israel participan de la visión precientífica del universo en la cual Dios está sentado en su templo (terrenal o celestial) recibiendo informes de sus mensajeros acerca de la situación en el mundo de la misma manera que los monarcas del Cercano Oriente antiguo recibían informes de lo ocurría en sus dominios. Este Dios decide ocasionalmente intervenir de manera concreta en los asuntos humanos «descendiendo» de su morada divina e involucrándose en la vida cotidiana de su pueblo y sus súbditos. En el caso de Israel, el Dios de justicia se involucra para reivindicar a los pobres y oprimidos, tanto a través de acciones liberadoras a nivel político como el caso del Éxodo de Egipto o el retorno del exilio, como a través de juicios condenatorios sobre los pecados de la clase dirigente de Israel, como la destrucción de Samaria y de Jerusalén. La esperanza en la reivindicación final de la justicia adquiere diferentes expresiones a lo largo de la historia de Israel. En el período pre-exílico esta esperanza se concretiza en la llegada de un rey justo que se convierta en protector de los desprotegidos y guardián de la justicia. En el período exílico, cuando la destrucción de Jerusalén hace pensar a algunos que Dios ha rechazado definitivamente la casa de David, la salvación y la reivindicación de la justicia llegan a través de un mesías extranjero, Ciro, rey de Persia, que será el instrumento divino en el retorno del pueblo a Jerusalén. En el período post-exílico, cuando los beneficios de ser parte del imperio persa dejan de verse, la esperanza empieza a tomar un carácter escatológico propio. La constante y lo que hay que destacar en esta serie de desarrollos teológicos es el anhelo del establecimiento de un mundo justo, sin mayores desigualdades socio-económicas, donde el Dios de Israel sea adorado y sus preceptos morales seguidos en todo el mundo. La expresión teológica de esta esperanza adoptará diferentes manifestaciones en diferentes comunidades y en diferentes épocas. Queda en las manos de cada comunidad expresar esta esperanza en categorías que sean entendibles y viables para sus contemporáneos, aunque esto implique transformaciones radicales de las tradiciones recibidas.

Ser fieles a Dios es practicar la justicia: enseñanza esencial de los profetas y de la Biblia Hebrea

Una antigua tradición judía enseña que los mandamientos que Dios ha dado al ser humano en la Biblia son 613. Es natural que uno se pregunte si hay algunos más importantes que otros. Un pasaje muy conocido del Talmud (Talmud Babilónico, Makkot 23b–24a) trata de dilucidar este asunto: Rabí Simlai enseñaba que fueron 613 los mandamientos revelados a Moisés, 365 mandamientos negativos (prohibiciones) y 248 mandamientos positivos. David (a quien se le atribuía la autoría de los Salmos) resumió estos 613 mandamientos en once principios éticos en respuesta a la pregunta «¿quién habitará en tu Tabernáculo? ¿quién morará en tu monte santo?» (Sal 15.1–5):

1. El que anda en integridad
2. el que hace justicia
3. el que habla verdad en su corazón
4. el que no calumnia con su lengua
5. el que no hace mal a su prójimo
6. o admite reproche alguno contra su vecino
7. aquel a cuyos ojos el indigno es menospreciado,
8. aquel que honra a los que temen a Jehová
9. el que aún jurando en perjuicio propio, no por eso cambia
10. quien su dinero no dio a usura
11. ni contra el inocente admitió soborno

El pasaje del Talmud continúa explicando que cuando vino Isaías, resumió los 613 mandamientos en seis principios éticos (Is 33.15–16; DHH):

1. El que procede rectamente
2. y dice la verdad,
3. el que no se enriquece abusando de la fuerza
4. ni se deja comprar con regalos,
5. el que no hace caso a sugerencias criminales
6. y cierra los ojos para no fijarse en el mal, ese vivirá seguro.

El Talmud sigue citando a Miqueas, quien resume los 613 mandamientos mosaicos en tres principios éticos (Miq 6.8; DHH):

1. que hagas justicia,
2. que seas fiel y leal
3. y que obedezcas humildemente a tu Dios.

Seguidamente, el Talmud vuelve a citar al profeta Isaías, quien resume los 613 mandamientos en sólo dos (Is 56.1; DHH):

1. Practiquen la justicia,
2. hagan lo que es recto.

Finalmente se declara que cuando Habacuc desarrolló su ministerio, resumió los 613 mandamientos en un solo principio: «pero los justos vivirán por su fidelidad a Dios» (Hab 2.4; DHH). Que así sea.

Bibliografía

A. Comentarios generales

Abrego de Lacy, José María. *Los libros proféticos* (Estella: Verbo Divino, 2001).

Heschel, Abraham Joshua. *Los Profetas* (Buenos Aires: Paidós, 1963), 3 vols.

Jaramillo Rivas, Pedro. "Profetas menores," en Santiago Guijarro y Miguel Salvador (eds.) *Comentario al Antiguo Testamento* II 3ra ed. (Madrid-Salamanca-Estella: PPC-Sígueme-Verbo Divino, 1997), pp. 301–391.

Loza Vera, José. *Los profetas de la antigua alianza. Un llamado a la comunión.* Vol. I (México D.F.: Universidad Pontificia de México, 1996).

Sicre, José Luis. *Profetismo en Israel* (Estella: Verbo Divino, 2000).

Sicre, José Luis. *Con los pobres de la tierra. La justicia social en los profetas de Israel* (Madrid: Cristiandad, 1984).

Schökel, Luis Alonso y José Luis Sicre. *Profetas II* (Madrid: Cristiandad, 1980).

Varios autores. "Los libros proféticos. La voz de los profetas y sus relecturas." *Revista de Interpretación Bíblica Latinoamericana*, 35–36, 2000.

Von Rad, Gerhard. *Teología del Antiguo Testamento*, vol. II (Salamanca: Sígueme, 1978).

B. De cada libro en particular

Oseas

Mejía, Jorge. *Amor, pecado, alianza: Una lectura del profeta Oseas* (Buenos Aires: Patria Grande, 1975).

Pixley, Jorge V. "Oseas: una nueva propuesta de lectura desde América Latina" *Revista de Interpretación Bíblica Latinoamericana* 1 (1988), pp. 67–86.

Sampaio, Tânia Mara Vieira. "La desmilitarización y el rescate de la dignidad de la vida en Oseas" *Revista de Interpretación Bíblica Latinoamericana* 8 (1991), pp. 83–96.

Sampaio, Tânia Mara Vieira. "Oseas: otra profecía" *Revista de Interpretación Bíblica Latinoamericana* 35–36 (2000), pp. 137–147.

Wolff, Hans Walter. *Oseas hoy: Las bodas de la ramera* (Salamanca: Sígueme, 1984).

Joel

Andiñach, Pablo Rubén, "Joel: la justicia definitiva" *Revista de Interpretación Bíblica Latinoamericana* 35–36 (2000), pp. 148–152.

Andiñach, Pablo Rubén. "El día de Yavé en la profecía de Joel" *Revista Bíblica*, 57 (1995), pp. 1–28.

Dreher, Carlos A. "La economía en el libro de Joel" *Revista de Interpretación Bíblica Latinoamericana* 10 (1991), pp. 71–82.

Amós

Andiñach, Pablo Rubén. "Amós: memoria y profecía: análisis estructural y hermenéutica" *Revista Bíblica* 12 (1983/4), pp. 209–304.

Asurmendi Ruiz, Jesús María. *Amós y Oseas* (Estella: Verbo Divino, 1990).

Padilla, Washington. *Amos–Abdías*, Comentario Bíblico Hispanoamericano (Miami: Caribe, 1989).

Reimer, Haroldo. "Amós, profeta de juicio y justicia" *Revista de Interpretación Bíblica Latinoamericana* 35–36 (2000), pp. 153–168.

Tourn, Giorgio. *Amós: profeta de la justicia* (Buenos Aires: Tierra Nueva, 1978).

Wolff, Hans Walter. *La hora de Amós* (Salamanca: Sígueme, 1984).

Abdías

Olávarri, Emilio. "Cronología y estructura literaria del oráculo escatológico de Abdías" *Estudios Bíblicos* 22 (1963), pp. 303–313.

Padilla, Washington. *Amos–Abdías*, Comentario Bíblico Hispanoamericano (Miami: Caribe, 1989).

Schwantes, Milton. "Sobrevivencias: Introducción a Abdías" *Revista de Interpretación Bíblica Latinoamericana* 35–36 (2000), pp. 169–175.

Jonás

Cardoso Pereira, Nancy. "Lecciones de cartografía: Pequeña introducción al libro de Jonás" *Revista de Interpretación Bíblica Latinoamericana* 35–36 (2000), pp. 176–181.

González, Justo L. *Jonás* (Buenos Aires: Kairós, 2000).

Rutenborn, Guenter. *La señal de Jonás; drama en una nueva escena* (Buenos Aires: La Aurora, 1967).

Miqueas

Pixley, Jorge V. "Miqueas el libro y Miqueas el profeta" *Revista de Interpretación Bíblica Latinoamericana* 35–36 (2000), pp. 182–186

Reimer, Haroldo. "Ruina y reorganización: el conflicto campo-ciudad en Miqueas" *Revista de Interpretación Bíblica Latinoamericana* 26 (1997), pp. 78–88.

Zorrilla, Hugo. *Miqueas: portavoz del campesinado: una voz que no puede ser silenciada* (Ciudad de Guatemala: Semilla, 1987).

Habacuc

Da Silva, Domingo Savio. "El problema es el ¡NO! divino a la violencia también intervencionista: Habacuc" *Revista de Interpretación Bíblica Latinoamericana* 35–36 (2000), pp. 194–199.

Rodríguez, Eduardo Zurro. "Los ayes de Habacuc (Ha 2,6b–20)" *Estudios Bíblicos* 61 (2003), pp. 183–198.

Bibliografía

Sofonías

García Bachmann, Mercedes Laura. "El "resto" en Sofonías: los que unen lo cultual con lo ético" *Revista de Interpretación Bíblica Latinoamericana* 35–36 (2000), pp. 200–205.

Hageo

Schwantes, Milton. *Hageo* (Buenos Aires: La Aurora, 1987).

Wickham, Pablo y Timoteo Glassock. *Hageo, Zacarías y Malaquías: Los profetas postexílicos* (Madrid: Centro de Formación Bíblica, 1985).

Winters, Alicia. "El Templo de Ageo" *Revista de Interpretación Bíblica Latinoamericana* 35–36 (2000), pp. 206–214.

Zacarías

Gallazzi, Sandro. "Exterminaré de la tierra a los profetas: Za 13,2" *Revista de Interpretación Bíblica Latinoamericana* 35–36 (2000), pp. 215–224.

Wickham, Pablo y Timoteo Glassock. *Hageo, Zacarías y Malaquías: Los profetas postexílicos* (Madrid: Centro de Formación Bíblica, 1985).

Malaquías

Mendoza, Claudia. "Malaquías: el profeta de la honra de Dios" *Revista de Interpretación Bíblica Latinoamericana* 35–36 (2000), pp. 225–242.

Wickham, Pablo y Timoteo Glassock. *Hageo, Zacarías y Malaquías: Los profetas postexílicos* (Madrid: Centro de Formación Bíblica, 1985).

Personas y obras citadas de la tradición judía

V. Personas y obras citadas de la tradición judía

Isaac Abarbanel. Nace en Lisboa en 1437, fallece en Venecia en 1509. Uno de los grandes exegetas judíos que fue pionero en el intento de ambientar los textos bíblicos en su contexto social y político para su mejor interpretación.

Abraham Ibn Ezra. Nace en Toledo ca. 1092. No se sabe con exactitud la fecha de su muerte. Figura esencial en la historia de la exégesis bíblica judía medieval.

Chazon Ish (Rabbi Avrohom Yeshaya Karelitz). Devoto estudioso de la Torah (1878–1953). Autoridad en el área de la Ley judía.

David Kimhi (1160–1235 d.C.). Ilustre lingüista, hebraísta, lexicógrafo y comentarista bíblico medieval.

Rabí Moisés Chaim Luzzatto. Nace en Padua 1707, y fallece en Eretz Israel en 1746. Considerado uno de los maestros de la literatura hebrea, fue un experto en literatura bíblica, rabínica y cabalística.

Mishná Abot. La Mishná recoge la ley oral judía que, de acuerdo a la tradición, Dios comunicó a Moisés en el Sinaí, y luego, por la misma vía, se transmitió de generación en generación. Ese cuerpo de tradición oral se puso por escrito a finales del siglo II y principios del III d.C. (trad. castellana: *La Misná*, Carlos del Valle (ed.) (Salamanca: Ediciones Sígueme, 1997). El tratado *Abot* presenta una colección de enseñanzas éticas y es el tratado de la Mishná más estudiado actualmente.

Pirke de Rabí Eliézer. Un clásico de la literatura midrásica (interpretativa) judía, donde se presenta una colección de tradiciones palestinas muy antiguas. Hay traducción española: Pérez Fernández, Miguel, *Los capítulos de Rabbi Eliezer* (Estella: Editorial Verbo Divino, 1980).

Rabí Isaías ben Elia de Trani (Italia, ca. 1200–1260) Comentador del Talmud.

Rambam (Rabí Moshé ben Maimón-Maimónides). Nacido en Córdoba, España en 1135, tal vez la figura más prominente e influyente del judaísmo medieval. Se destacó como filósofo, codificador rabínico y médico. Sus obras fundamentales fueron la *Mishné Torá* (1170–1180) y la *Guía de los Perplejos* (1190).

Rashi (Rabbi Shlomo Yitzhaki) (Troyes, Francia 1040–1055). El más prominente comentador y exegeta judío de la Edad Media, cuyas obras son de inmensa utilidad hasta el día de hoy.

Talmud. Luego de la compilación de la Mishná, los sabios judíos siguieron discutiendo y examinando la Ley Oral. Estas discusiones se han compilado en el Talmud. Hay dos versiones del Talmud producto de dos escuelas de pensamiento: el Talmud de Babilonia, y el Talmud Jerosolimitano. Hay traducción española del Babilónico por Acervo Cultural Editores (Buenos Aires).

Tárgum Jonatán. El Targum (traducción aramea de la Biblia) de los profetas atribuido a Jonatán ben Uzziel, el más notable discípulo de Hillel. Recibe su forma final durante el siglo V.